알랭 바디우와 페터 엥겔만의 대담

PHILOSOPHIE UND DIE IDEE DES KOMMUNISMUS.
IM GESPRÄCH MIT PETER ENGELMANN
by Alain Badiou

# 알랭 바디우, 공산주의 복원을 말하다

김태옥 옮김

숨쉬는
책공장

파사젠 출판사는 2012년에 25주년을 맞았다. 우리는 이를 기념해 비엔나, 베를린, 부다페스트, 뉴욕에 있는 파트너들과 협력해 파사젠 출판사에서 책을 발간한 작가들과 당면한 사회적 주제에 대한 대담을 나눌 계획을 세웠다. 그 대담은 커다란 관심과 아주 긍정적인 반향을 불러일으켰다.

그리고 이는 새로운 시리즈의 발간이라는 아이디어를 낳았다. 출판사의 강령적인 윤곽과 이론적이고 철학적인 개요를 공유하는 이 파사젠 작가들과의 오래되고 강한 유대를 토대로, 이제 우리는 이들과 대화를 나누며 단지 내용만을 소통할 뿐 아니라 공동으로 그것을 하나의 주제로 발전시키려 한다. 이를 위해 우리는 작가들이 갖고 있는 사고의 단초와 이론을 포착하고 심화시키며, 그들과 당면한 사회정치적, 사회적, 문화적, 그리고 예술적인 문제에 대해 토론하고자 한다.

파사젠 출판사는 이 새로운 시리즈로 우리의 문화적 자발

성과 정치철학적 프로젝트로서의 자기 이해를 강조하고 강화하려 한다. 책의 발간과 전파를 넘어서 공공의 사회정치적 프로세스 및 학문적 담화와 예술적 혁신이 촉진되기를 바란다.

따라서 파사젠 대담 시리즈는 당면한 위기 시나리오의 분석에 한정하지 않고 파사젠 출판사가 25년 동안 진행해 온 모든 문화적, 예술적, 사회과학적, 그리고 철학적인 참여를 계속 기록하려 한다. 이 시리즈는 사회정치적 중요성을 가진 주제를 포착함으로써, 시급한 당면 문제에 대한 논쟁적 토론에 적극적으로 참여할 것이다. 이것은 단지 분석적, 비판적으로 고찰할 뿐만 아니라 이것을 성취하기 위한 사상과 근본 개념까지 드러내야 한다.

이 대담 시리즈는 주제를 넓게 전공별로 세분화했고 그 분야도 다양하다. 근본적인 측면은 철학적 성찰의 중요성과 가치에 대한 질문, 철학적 개입의 구체적인 가능성이라는 맥락에서 철학의 역할이다. 물론 현시대의 철학을 대변하는 주요 인물과 최신 이론의 설립만을 요구하는 것은 아니다. 그보다는 대안적인 사상의 단초와 예술적인 전략까지 포함하려 한다.

《알랭 바디우, 공산주의 복원을 말하다》는 앞으로도 계속될 이 시리즈의 첫 번째 단행본이다. 첫 번째 대담 상대인 알랭 바디우에 이어 자크 랑시에르와의 두 번째 대담도 준비 중이다. 편집 작업과 프랑스 텍스트에 관한 자문에 대해서는 마리-크리스틴 바라타에게 아주 특별히 감사드린다.

그 외에도 이 출판을 진척시키는 데 참여한 모든 이들에게 감사드린다. 알렉산드라 라이닝하우스는 이 새로운 시리즈에 관한 행사를 계획하고 조직했다. 그리고 그녀는 에바 루이제 퀴과 함께 이 시리즈를 계획하고 실현시키는 일 또한 책임지고 담당했다. 디자인은 그레고어 아이힝어와 엑케 본크가 맡았다. 이 두 사람은 에디션 파사젠 시리즈 이후로 출판사와 함께 일하며 디자인을 담당하고 있다. 이 모든 사람들과 파사젠 출판사의 다른 동료들 및 우리의 파트너 단체들에게 감사드린다.

페터 엥겔만

# 차 례

# 첫 번째 대담

페터 엥겔만: 당신의 철학적 작업 중 '공산주의 이념'이라는 구체적 테마로 들어가기에 앞서, 저는 철학 및 정치와 관련한 좀 더 큰 맥락에서 문제 제기를 하고 싶어요. 당신의 철학은 주체라는 개념을 강조하고 있습니다. 이 개념은 자본주의 사회에서의 주체 개념과는 다른 것인데요, 여기에서는 주체를 소비자와 경제적 경쟁자로 격하시켜 이해하고 있지요. '주체'라는 개념은 철학에서 긴 역사를 갖고 있어요. 프랑스에서는 주체의 죽음에 대한 이론이 있기도 했고요. 제가 관심을 갖는 것은 당신의 주체 개념이 1960년대 이후 프랑스의 철학적 맥락에 어떻게 접목되느냐는 점입니다.

알랭 바디우: 저는 이 점에 관해서 두 가지 소견을 말씀드리고 싶어요. 1950년대에 저는 사르트르의 영향을 받았어요. 철학을 공부하기 시작했던 초반에 저는 항상 주체가 근본적인 범

11

주라고 생각했습니다. 그리고 그건 당시 사르트르가 발전시켰던 자유로운 의식이라는 이론의 형태 내에서는 당연한 것이기도 했어요. 그러니까 저는 주체 이론이 지배하고 현상학적 언어로 쓰여진 철학에서부터 시작한 것이라고 볼 수 있어요. 말하자면 저의 철학은 사르트르적인, 그러나 메를로퐁티적이고 결론적으로는 후설적인 의미에서의 주체 개념으로부터 나온 것이지요. 1950년대 후반에 저는 에콜 노말에 입학했고, 거기서 알튀세르를 만났습니다. 이후 데리다의 초창기 책을 읽었고, 라캉의 학설을 접했어요. 이때부터 저는 구조주의로 견해를 바꾸게 되었는데 이는 곧 주체에 대해 회의한다는 것을 의미했지요. 알튀세르에게 주체는 이데올로기적이고 부르주아적인 개념이었어요. 레비스트로스와 구조주의적 전통에서는 구조만이 의미를 갖습니다. 또 하이데거적 전통에서의 주체란 형이상학으로부터 나온 것으로, 해체되어야만 할 개념인 것이지요.

물론 저는 당시 이 모든 것을 일종의 내적 저항을 가진 상태로 맞닥뜨렸습니다. 사르트르의 학설과 당 시대의 위대한 현상학을 철학적 원천으로 하는 사람으로서 말이지요. 하지만 이 저항은 무엇보다 개인적이고 실천적인 뿌리를 갖는 것이었어요. 왜냐하면 당시 저는 어떻게 정치에서 주체라는 범주를 포기할 수 있는지 이해할 수가 없었기 때문이지요. 그리고 그건 지금도 마찬가지예요.

페터 엥겔만: 왜 정치에서 주체를 포기할 수가 없나요?

알랭 바디우: 저는 특히나 정치에서 주체를 포기할 수가 없어요. 왜냐하면 정치는 방향성, 작용, 결정, 그리고 원칙에 관한 문제거든요. 이것들은 주체를, 주체라는 차원을 요구합니다. 저는 이 밖에도 정치를 — 그리고 마르크스주의를 — 주체라는 형상 없이 순수하게 대상적인 맥락으로 환원시키려는 시도는 단순한 경제주의로 갈 수밖에 없다고 확신해요. 이 속에서는 결정하는, 자유로운, 그리고 생산적인 행위라는 본래의 의미를 갖는 정치적인 행위가 어떤 것인지 알 수가 없지요. 저는 당시 동료들과 함께 구조주의로 견해를 바꾸기는 했지만 이 모든 이유를 바탕으로 생각해서 그렇게 한 것이었어요. 그 생각은 구조주의, 혹은 해체주의가 주체라는 범주를 변형하고 보존하는 것을 통해 주체 개념을 새롭게 만들 수 있다는 것이었지요.

　당시 저에게 가장 중요한 학설은 라캉의 그것이었어요. 라캉은 한편으로 구조라는 것에, 특히 언어적 구조 — 무의식은 언어처럼 구조화되어 있다는 등 — 에 중요한 의미를 부여했어요. 그러나 또 다른 한편으로는 정신분석학을 계승하면서 주체라는 범주를 자연스럽게 보존했고 심지어 새롭게 변형시켜 완전한 중심점으로 만들었지요. 그러니까 저는 이 학설을 다음과 같이 받아들였습니다. 사변적인 현대의 학설 중 몇몇을 수용하지만 동시에 주체라는 범주를 보존할 수 있는 —당연히 이 이론의 의미 있는 변형이라는 대가를 치르더라도 — 하나의 길에 가능성을 부여하는 것으로요. 이것은 오늘날에도 제 강령으로 남아 있어요.

페터 엥겔만: 저는 오래전부터 어떻게 이 맥락에서 당신의 위치가 정의될 수 있는지 궁금했어요. 당신은 정치적 영역에서 주체 개념 없이는 행동할 수가 없다고 했지요. 하지만 저는 다시 철학으로 돌아가서 이야기하고 싶습니다. 당신은 주체 개념에 대해 비판 작업을 한 철학자들을 슬쩍 비꼬았어요. 그러고 나서 바로 정치로 넘어갔지요.

알랭 바디우: 아니에요. 저는 단순히 정치를 창조와 행위의 영역에 대한 하나의 예로 들었을 뿐이에요. 여기에선 주체의 구성이 주요한 문제이지요.

페터 엥겔만: 인간의 모든 활동 영역에서 주체 개념이 필요하다고 말한다면 동의하시겠어요?

알랭 바디우: 그 문제라면 우리는 좀 돌아가야만 합니다. 왜냐하면 저에게 주체의 개념은 두 가지 다른 개념과 긴밀한 관계가 있거든요. 사건과 진리가 그것이지요. 주체는 항상 진리의 주체예요. 그것은 항상 진리의 구성 과정을 위한 주체이거나 진리의 구성 과정 내부에 있는 주체지요. 제 방식대로 형

이상학적인 주체를 비판하자면 주체는 내가 구성한 창조물이지 소여가 아니라고 할 수 있습니다. 주어진 것은 예를 들어 개인의 외형이지요. '개인'과 '주체'는 저에게 같은 것이 아니고 심지어 근본적으로 완전히 상반되는 것이에요. 개인이 항상 주체가 되거나 주체로 들어서는 데 호명되더라도 말이에요. 그것은 호명이지 자연적이고 지속적인 운동이 아닙니다. 그리고 이 호명은 정치적일 수 있지만 다른 것일 수도 있는 어떤 실제적 과정의 이름으로 이루어지지요. 정치적 과정, 예술적 과정, 사랑의 과정 등이 그 다른 것들에 속해요. 이 모든 경우에 있어서 주체적인 호명은 존재합니다.

페터 엥겔만: 주체 개념에 대한 비판은 정당하나 개인에 대한 비판은 가능하지 않다고 말한다면 동의하시겠어요? 왜냐하면 개인은 소여니까요.

알랭 바디우: 물론이지요.

페터 엥겔만: 저는 그것이 상당히 중요하다고 생각합니다. 왜냐하면 해체주의에 있어서의 몇몇 문제를 해결해 줄 수가 있거든요.

알랭 바디우: 제 생각에 주체 개념에 대한 비판에서 중요한 것은, 이 비판이 하나의 역사를 갖는 어떤 특정한 철학적 구성

물을 겨냥한다는 사실을 명백하게 이해하는 것입니다. 저는 데카르트로부터 사르트르까지에서 찾을 수 있는 주체의 개념이 형이상학적 구성물이라는 데에 어느 정도 동의합니다. 제가 '주체'라는 범주에 다시 관심을 돌린다고 하면 그것은 전혀 다른 맥락에서 이루어지는 일이에요. 저는 이 형이상학적 전통에서는 개인과 주체 사이에 일종의 융해가 일어난다는 점에 당연히 동의해요. 데카르트적 코기토의 주체를 예로 들면 그것은 하나의 구성물이에요. 이 구성물은 근본적으로 개인적인 경험을 나타내지요. 심지어 사르트르에서의 의식은 개인적인 의식이에요. 사르트르는 개인을 그 자신의 주체적 형상, 그러니까 실제로 자신의 의식적인 형상에 의거해서 정의 내렸어요. 제가 주체의 형이상학적 범주의 해체에서 버리지 않는 것은, 주체를 개인에 고착시키는 이 보편적인 구성물을 제거하는 것이 가치가 있다는 시각입니다. 그러면 한편으로는 진리가 형성되는 과정과 연결된 주체적 구성이 존재하게 되고, 다른 한편으로는 그 구성의 더 이상 축소할 수 없는 담지자, 즉 제가 가끔 '인간적인 동물'이라고 부르는 개인이 존재하게 돼요. 이 개인은 제가 '자연적인', 다시 말하면 임의의 소여성이라고 부를 법한 것이지요. 개인은 세상에 존재합니다. 그러나 단지 개인이 존재한다는 사실만으로 그들을 주체라고 규정지을 수는 없어요.

페터 엥겔만: 제가 올바로 이해했다면 당신은 끝 부분에 밝힌

소견에서 개인은 존재하는 개인으로서 해체될 수 없다고 했습니다. 하지만 우리는 예를 들어 헤겔의 《정신현상학》이 언어 외부에는 '여기 그리고 지금'이 없다는 증명으로 시작된다는 것을 알고 있어요. 그는 자신의 형이상학적 체계를 이런 입장으로부터 구성했고, 이것은 정확히 당신의 소견과 대립되는 것이지요. 헤겔적인 체계는 소여의 불가피한 언어성을 인정하는 것으로부터 시작됩니다. 그것은 '여기 그리고 지금'이 언어 안에서, 그리고 언어를 통해서만 우리에게 주어져 있다는 점을 인정하는 것으로부터 시작되고 세계를 철학적 학문의 체계 속에서 재구성해요. 이를 통해 소여는 직접적인 소여로서의 특성을 잃게 됩니다. 개체 또한 더 이상 느끼고 생각하는 개체가 아니라 항상 언어 속에서 이미 매개되어 있는 개체이고요. 이것은 철학적 담론에서 주요한 문제이기도 하지만 '실제'의 개인들이 갖는 '진정한' 이해관계를 대변하는 데 있어서도 마찬가지지요. 저 스스로도 개체를 몰수하는 것에 대해 항상 감정적으로 저항했고, 마찬가지로 오늘날 사람들이 말하듯이 해체될 수 없거나 불가피한 개인성이라는 것이 사실로서 존재한다는 점에 확신을 갖고 있었습니다. 저의 헤겔 비판에서도 언어적 프로세스를 통한 지배에 반해 항상 개인의 편에 서 있었고요. 그러나 어떤 비판이 저에게 제기될 수 있는지에 대해서, 그리고 그 비판이 실제로 제기되고 있다는 사실 또한 저는 알고 있어요. 개체의 직접성에 대한 헤겔적인 비판에 직면했을 때 어떻게 그것을 이겨 나갈 수 있을

17

까요? 정치적인 저항에 관해서 현재 그것은 무엇을 의미할까요? 이 저항과 어떤 철학적 주장이 여기서 대립하고 있을까요?

알랭 바디우: 저는 해체에 반하는 개인의 이 초기 저항에 주목하는 것에 동의합니다. 물론 이 개인이 '있다'와 다른 점이 없다는 것을 명백히 한다는 전제하에서 말이지요. 개인은 인류가 동물로서 '있다'는 것 이상의 의미를 갖지 않습니다. 따라서 개인은 본질적으로 환원 불가능한 것이지만 이것이 개인에게 별다른 의미를 주지는 않아요. 자신이 존재한다는 의미 외에는요. 달리 표현하자면 저는 개인의 가치를 형이상학적 주체의 의미와 비교하지 않는다는 조건에서 개인의 환원 불가능성에 동의합니다. 그건 양자를 마치 같은 영역에 있는 것처럼 가정하고 있거든요. 저는 예를 들어 키르케고르가 헤겔에게 했던 것과 같은 비판에 동의하지 않아요. 키르케고르는 개인의 존재가 근본적으로 환원 불가능하다고 했지요. 저는 이 점에는 동의하지만 개인의 신성화가 기본적으로 종교적 형식 속에서 마련된 점에는 동의하지 않아요. 다르게 표현하자면 인간의 삶은 그의 환원 불가능성 속에서 인간적인 동물의 삶 그 자체와 다른 점이 없다는 것입니다. 따라서 우리는 이것이 육체, 살아 있는 육체의 환원 불가능성에 관한 것이라고 말할 수 있어요. 살아 있는 육체는 근본적으로 환원 불가능하지요. 그것은 해체될 수 없습니다.

페터 엥겔만:  그건 맞아요. 개인에게 과도한 가치를 부여하기 위해 개인의 환원 불가능성을 강조할 수는 없지요.

알랭 바디우:  정확히 그 지점이에요. 키르케고르의 전략은 개인의 주체적인 환원 불가능성을 두드러지게 강조하기 위해서 헤겔의 분류법을 해체하는 것이에요. 하지만 그는 그 전략을 다시 신학적이고 종교적인 맥락 위에 놓고 말았지요. 제가 보기에 개인에게는 존재하는 동물 그 이상의 삶의 원칙이 없어요. 삶은 개인적입니다. 동시에 그것은 종과 개인화라는 틀 속에서 주어져요. 그리고 그 이유에서 해체가 불가능하지요. 그러나 해체가 불가능하다는 사실이 개인에게 단지 존재하는 것 이상의 다른 가치를 부여하지는 않아요. 여기서 이어지는, 단지 존재한다는 것이 어떤 가치를 갖느냐는 물음은 주체화된 진리에 의거해서만 의미를 얻습니다.

페터 엥겔만:  이 존재하는 개인성에 가치를 부여하길 원한다면 다른 틀을 적용해야 하는 것 아닌가요?

알랭 바디우:  그것만이 아니에요. 이미 개인의 가치에 대한 물음이 '주체'라는 범주가 등장할 가능성에 의거해서만 제기됩니다. 왜냐하면 개인 그 자체는 삶에 머무는 것 이외의 어떤 가치도 구성하지 않으니까요. "존재 속에서 머무르다"라고 스피노자가 말했던 것처럼요.

페터 엥겔만: 그러니까 주체라는 개념은 매개체이며 그 속에서 모든 가치들이 사유된다는 것이지요?

알랭 바디우: 가치에 대한 모든 평가는 주체 속에서 일어나요. 절대적으로요. 그러나 그것은 개인이 헤겔에서처럼 스스로에게서 빠져나와 결과적으로 절대자에 도달하는 과정을 진행하게 되는 것과는 구분되어야 해요. 그리고 개인이 살아 있음에 머무는 이상의 것이 아니기 때문에, 그는 가치 평가를 위한 어떤 여지도 만들지 않고 주체성으로 진입하지도 않아요. 이를 위해선 제가 사건이라고 부르는 것이 필요하지요.

페터 엥겔만: 헤겔에게 현상학의 시작은 어디로부터 해방되어야만 하느냐였지요.

알랭 바디우: 헤겔에게는 부정의 작업이 있었기 때문에 개인성은 그 자신을 뛰어넘는 경향을 가질 수 있었어요. 물론 내적으로 부정성에 대한 작업을 시행하는 한에서 말이지요.

페터 엥겔만: 하지만 그건 주체성이지 개인성은 아니잖아요.

알랭 바디우: 헤겔의 말에 따르면 절대자는 처음부터 우리 곁에 있습니다. 주체성은 개인 속에 있고요. 이미 부정의 작업이 있고 그건 잇따르는 의식의 형상들 속에서 주체성을 통제

하게 될 것인데, 이는 절대자가 개인성 속에서 작동하고 있기 때문이지요. 이것이 문제예요. 저는 어떤 절대자도 개인성 속에서 작동하고 있다고 생각하지 않습니다.

페터 엥겔만: 그것은 제 입장이기도 합니다. 정확히 그 부분에서 저는 헤겔의 문제점을 봐요.

알랭 바디우: 개인은 절대자로부터 버려졌어요. 그럼에도 불구하고 저는 절대성이라는 범주를 버리지 않아요. 물론 다른 영역에서요. 이런저런 주체가 도달할 수 있는 진리들, 즉 주체성이라는 상을 구성해 내는 진리들 — 하나의 가능성인 — 은 어떤 의미에서 절대적일 수 있어요. 왜냐하면 그것들은 보편적이고 그들이 만들어지는 맥락에서 볼 때 상대적이지 않기 때문이지요. 이 밖에도 저는 사람들이 진리에 대해 말할 때 절대자에 대해서는 말하지 않는다고 생각해요. 진리가 상대적이라면 그건 의견과 아무런 차이가 없는 거지요.

덧붙이자면 저에게 헤겔의 절대자에 대한 비판은 절대적이라고 말할 수 있는 어떤 것도 존재하지 않는다는 것을 의미하지는 않아요. 헤겔의 절대자는 그것이 부정의 작업과 본질적으로 동등하다는 전제하에 결국 개인성을 주체성으로 끌어올립니다. 그것은 주체성을 의식의 형상으로 끌어올리고 근본적으로 철학적이며 변증법적인 의식에 도달하지요. 이 초창기의 절대자, 그러나 끝에 있는 것이 처음에 있는 것과 같기 때문에 최종적이기도 한 절대자에 대한 비판은 저에게 절대자가 없다는 것을 뜻하지 않아요. 그보다는 '절대적'이라는 것을 기본적인 의미에서 이해해야만 해요. 말하자면 상대적이지 않은 것으로서, 보편적인 것으로서, 종속되지 않은 것으로서, 그리고 근본적인 방식에서 자신의 상태에 대한 조건들과 연관되지 않은 것으로서요.

페터 엥겔만: 그걸 받아들여요?

알랭 바디우: 이런 방식의 절대자가 있다는 것을요? 당연하지요. 그리고 저에게 수학, 학문, 예술, 사랑, 정치의 진리들은 어떤 절대적 의미, 절대적 가치를 갖고 존재해요.

페터 엥겔만: 이 절대적 진리는 인간의 유한성과 어떻게 연관되나요?

알랭 바디우: 인간은 그 자체로 유한하지도 무한하지도 않아요. 인간은 명백하게 무한함으로 가는 통로를 갖고 있어요. 우리는 무한함을 모든 형태로 생각해 볼 수 있어요.

페터 엥겔만: 헤겔에서처럼, 의식되지 않는 절대적 정신이 존재하나요?

알랭 바디우: 절대적 정신은 없어요. 진리의 주체적 구성은 무한함과 연관되어 있는데 이것은 단순히 무한함이 실재이기 때문이에요. 실재는 무한합니다. 유한하지 않아요. 따라서 진리를 갖고 있다면 실재의 무한함과 접촉한 것이에요. 실재와 접촉하는 진리를 갖고 있지 않다는 것은 진리를 만들어 내고 생각할 수 있는 틀을 갖고 있지 못한 것과 같아요. 그래서 저는 인간의 사고가 무한함의 어떤 요소 속에 존재한다는 견해를 지지합니다. 저는 이것을 문제점이라고 보지 않아요. 그리고 제 다음 책에서 유한함이 바로 문제점이라는 것을 증명할 계획이에요.

페터 엥겔만: 유한함은 당신에게 어느 정도의 문제점이 있습니까?

알랭 바디우: 저는 모든 것이 무한하다고 생각해요. 실재는 무한하고 진리들도 실재와 접촉하는 한 무한함과 접촉해요. 유한성에 대한 물음 속에서 유한함은 어떤 의미에서 보면 항상 하나의 결과예요. 무한함은 존재하는 모든 것의 존재 방식이지요. 그와는 대립적으로 유한함은, 예를 들어 예술 작품이라는 모습 속에서, 무한함으로부터 유한하게 떨어져 나오는 것을 말해요. 유한함은 무한함의 작품이에요. 무한함은 유한함과 상반되게 소여성을 갖지요. 여기서 우리는 유한함을 눈에 보이는 것으로, 무한함을 초월적인 것, 도달할 수 없는 것으

로 이해했던 전통을 뒤집어 생각해야 해요.

제가 생각하기에 이것은 정확히 뒤바뀌었어요. 문제는 무한함에 관한 것이 아닙니다. 무한함은 가장 근본적인 '있다'예요. 그 뒤로 사고가 진전되는 방식, 무언가를 창조하는 방식, 무한함과 접촉하는 어떤 관념과 같은 것들은 다른 문제이며 상당히 복잡해요. 그러나 여기서 주체가 개입하지요. 원한다면 주체라고 부르는 것은 어떤 순간이라고 말할 수 있어요. 그 순간 속에서 개인은 무한함의 실제적인 특성으로 호명되지요. 개인은 무한함의 실제적인 특성으로 특수한 사건을 통해서 호명돼요. 이 사건은 개인성으로부터 이끌려 나오는 것이 아닙니다. 주체의 능력이 실재의 무한성에 다다르기 위해, 그리고 그곳으로 가는 길을 닦기 위해 차근차근 만들어 내는 것이지요. 자연적인 변증법은 존재하지 않아요. 이것은 보편적인 영향권을 갖고 이런 의미에서 절대적이라고 말할 수 있다는 관점입니다. 이것은 절대자의 문제예요.

세부적으로는 모든 것이 상당히 뒤죽박죽이지만 첫 번째 직관들은 아주 단순해요. 이 문제에 대한 기본적 태도는 무한함이 도달할 수 없는 초월적인 것처럼, 그리고 유한성은 인간 존재의 불가피한 운명에 이르는 것처럼 여겨지는 익숙한 견해를 뒤집는 일입니다. 이런 생각의 흔적은 이미 데카르트에게서 볼 수 있어요. 그는 여러 글을 통해 무한함이 실제로는 유한함보다 단순하다고 설명했지요. 이 직관은 이미 그에게서 찾아볼 수 있는 거예요. 그 밖에 《성찰》에서 볼 수 있는 것은, 우리가 무한함의 길을 선택해야만 실재가 존재함을 증명할 수 있다는 점이에요. 왜냐하면 신의 존재에 대한 증거가 있어야만 실재하는 무언가가 있다는 것을 보증할 수 있거든요. 저는 실재로 가는 모든 통로와 모든 실질적 확신이 무한함이라는 매개를 전제로 한다는 데카르트의 아주 설득력 있는 직관에 동의해요. 그러니까 존재의 무한성, 존재의 무한성으로 가는 통로, 다양한 진리의 형성 과정과 주체가 이 모든 것들을 다루는 사람이라는 사실 사이에는 어떤 유기적 관계가 있어요. 개인이 그 행위나 그 프로세스로 호명되는 한에 있어서요. 엄격하게 말하자면 개인은 그 자체로 유한하지도 무한하지도 않아요. 개인은 죽음이나 신체적 제한 등의 이유 때문에 외양적인 관점에서 보면 유한해요. 하지만 무한함에 도달할 수 있는 능력도 갖추고 있기 때문에 그의 유한성을 환원 불가능한 것이라고 말할 수는 없어요. 개인은 무한함에 도달할 수 있는, 실재의 무한함과 접촉할 수 있는, 그 안에서 움직일 수 있는, 그리고 이 무한성으로부터 보편적 가치를 갖는 유한함과 유한성을 만들어 낼 수 있는 능력을 갖고 있어요. 전형적인 예로는 예술 작품, 정치적 혁명, 또는 학문에서의 새로운 깨달음을 들 수 있지요. 이 외에도 다양한 예들이 상당히 많아요. 이 모든 경우에서 우리는 실재의 무한성과 접촉한 주체적 생산물을 만나게 됩니다.

페터 앵겔만; 그러니까 개인은 무한함과 접촉할 때 주체가 되다는 말씀인가요?

알랭 바디우: 그래요. 실질적인 무한함과 접촉했을 때 그렇지요. 하지만 저는 '개인이 주체가 된다'는 표현을 신뢰하지 않아요. 그보다는 '개인이 주체에 편입된다'라고 하겠습니다. 왜냐하면 주체가 되는 것이 항상 개인인 것만도 아니고 개인이 주로 주체가 되는 것도 아니거든요. 예를 들어 정치적 주체는 개인이 아니라 집단적 주체예요. 마찬가지로 예술적 주체에 대해서도 문제 제기를 할 수 있지요. 역사적으로 보면 천재에 대해 수많은 공론이 존재했습니다. 하지만 이는 항상 어떤 배경 속에 파묻혀 있어요. 왜냐하면 언제나 학파, 집단, 집단적 개입에 창조적인 주체성이 귀속되어 있었기 때문이지요. 학문에서도 마찬가지예요. 여기에는 언제나 이런저런 학자들이 발견한 것을 마지막 심급에서 승인해 주는 학문적 공동체가 존재하지요. 제 생각에 개인이 자신의 모든 효용성, 육체, 사고, 하는 일, 사회적 현존, 사용하는 언어를 통해서 주체적인 프로세스에 편입된다고 하는 것은 적절한 표현이에요. 이 프로세스는 항상 개인 존재의 총체성을 다 포용할 수는 없는 특수한 프로세스이고요. 왜냐하면 주체적인 프로세스에 편입된 개인의 일부 자체가 특수한 일부이고 이는 개인으로부터 떼어 낸 것이거든요. 잠시 덧붙이자면 개인은 여전히 먹어야 하고, 신체를 보존해야 하고, 병들어야 하고, 결국엔 죽을 수밖에 없어요. 이 모든 것이 계속되지만 실질적인

무한함과 접촉하는 능력은 그럼에도 개인의 부분적인 — 가끔은 잠정적이고 가끔은 깊게 들어간 — 편입을 통해서 경험되지요. 이것은 어떤 절차 속에서 이루어지는데, 여기서 우리는 실질적인 무한함과 접촉하고 그럼으로써 모든 개인이 절대자에 참여할 능력이 있다고 말할 수 있게 됩니다. 저는 모든 개인이 절대적이 된다고 생각하지 않아요. 그렇다면 그건 모든 개인을 포괄하는 어떤 절대적 주체가 있는 것이 되거든요. 그보다 저는 개인이 절대자에 참여할 수 있다고 말하겠습니다. 이것은 근본적으로 모든 개인에게 열려 있는 가능성이지만 어느 정도 우연에 달려 있기도 해요.

페터 엥겔만: 무한함과 접촉한 이 주체, 이 개인은 해체와 라캉을 비판하는 목적인 것이 아닙니까?

알랭 바디우: 저는 그렇게 생각하지 않아요. 왜냐하면 그것은 형이상학적이거나 칸트적 주체라는 의미에서의 주체성, 또는 사르트르의 의식에 관한 문제가 아니거든요. 그것은 어떤 형태의 부분적 가능성에 관한 문제인데요, 이는 개인에게 부분적인 가능성으로 내재되어 있고 밖으로 드러나기 위해서는 외적인 중재가 필요합니다. 이것은 사건의 문제예요. 말하자면 인간적인 동물의 삶에 어떤 가능성이 열리기 위해서는 무언가가 그곳에 발을 들여놓아야 한다는 뜻이지요. 이 가능성이 스스로 발전할 수 있다고 한다면 우리는 다시 헤겔주의

자가 되는 거예요. 그래서 무엇보다도 우연이라는 순간이 존재하는 것입니다. 우연이라는 순간은 이 프로세스에서 제한하는 일을 담당하는 구성 요소예요. 모든 개인에게는 이 구성 요소에 도달할 능력이 잠재하고 있지요. 그리고 사랑하는 사람과의 첫 만남이라는 호명이 있습니다. 우리는 누군가를 — 종종 우연하게 — 만나고 사랑 속에서 실존의 무한성과 접촉할 수 있어요. 이 만남에서 우연은 필수 불가결한 것이지요. 정치에서도 마찬가지예요. 아랍 국가에서 일어났던 커다란 항쟁에서 대부분의 사람들은 그 사흘 전까지도 자신들이 그럴 능력을 갖고 있는지 알지 못했어요. 그러나 그 순간에 그들이 무한함과 접촉했다는 느낌을 가진 것은 의심할 여지가 없습니다. 사람들은 그들이 제시한 선언을 보고 있기만 하면 되었어요. 그것이 "우리는 이집트인이다"라는 아주 단순한 선언일지라도 말이에요. 이 모든 것은 정말로 우리가 우리를 능가하는 것과 접촉했다는 것을 뜻해요. 이 점은 되돌릴 수 없고 절대적이지요. 이 주체적인 창조물로서의 무한함과의 접촉이 완전한 전환을 가져오지 않는다 하더라도 그 접촉은 항상 존재해 왔던 것이에요. 물론 이것은 '여기 그리고 지금'을 뛰어넘는 개인의 자기 발전이 아닙니다. 원동력일 뿐이지요. 들뢰즈는 사람들이 항상 외부 — 그에게 있어 이것은 외부라는 범주를 말하지요 — 에서 오는 원동력을 염두에 두고 있다고 말했어요. 제 생각에는 그의 말이 맞아요. 저는 사건이라는 범주 속에서 그것을 어느 정도 강조했지만 결국은 같은 생각이에요. 개인의 주체적인 상승을 가져오기 위해선 어떤 것이 외부로부터 와야 한다는 반反헤겔적 생각 말이지요.

페터 엥겔만: 헤겔에게는 이 '외부'가 존재하지 않지요.

알랭 바디우: 그렇습니다. 헤겔은 심지어 모든 것을 '내부'로 옮기기를 시도했어요.

페터 엥겔만: 당신은 헤겔의 문제가 어디에 있는지 정확하게 보여 줬어요. 그렇다면 니체와 그가 가졌던 신의 죽음에 관한 상에서 뭔가 달라지는 것이 있을까요?

알랭 바디우: 니체의 기여도가 과소평가되어서는 안 됩니다. 제 생각에 이 기여는 신이 존재하지 않고, 기독교의 신이 존재하지 않고, 특히 기독교의 구세주가 존재하지 않는다면 무엇이 인간의 창조력일 수 있는가에 관한 물음을 마침내 제기했다는 데 있어요. 우리의 본성이 신을 통해 구원받지 않는다면, 우리의 본성이 그 자체로 환원된다면, 그 본성은 도대체 무슨 일을 할 수 있을까요? 이 물음은 저 자신도 어떤 의미로는 갖고 있는 것이기 때문에 저는 니체를 이 지점에서 잘 이해할 수가 있어요. 여기서 우리는 도스토옙스키를 거쳐 갈 수 있습니다. 그에게 신의 죽음은 모든 것이 허용됨을 뜻해요. 그러나 실제로는 신의 죽음이 아무것도 허용되지 않을 뜻

하는 것이 우리가 사는 시대의 경향이지요. 뿐만 아니라 신이 죽는다면 우리는 어떤 것도 할 수가 없고 이미 있는 것들에 만족해야 해요. 저는 어떤 형태의 부정적 무신론이 서구 사회에 만연해 있다고 봐요. 이것은 신을 거부하면서 동시에 그에게 속한 모든 다른 것들, 즉 절대자, 주체의 구원, 좋은 일을 행하고 소망하는 능력, 신비주의까지 거부하는 것을 말하지요. 이 모든 것이 사라지면 결국 신이 없다는 건 가능한 한 편안하게 사는 것이 전부인 세상을 뜻하게 됩니다. 니체의 물음에 대해 답변이 될 만한 것이 있어요. 이 답변은 니체의 것은 아니지만 다음과 같아요. 신이 죽었다면 우리는 절대자에 도달하는 것을 멈추게 돼요. 신은 죽고 절대자는 실존의 토대를 갖지 않고 진리도 없고 오직 의견만이 있게 됩니다. 물질적 행운을 좇는 것은 인류의 유일한 존재적 토대가 되고 우리는 이미 갖고 있는 것들에 만족하는 거예요. 이것은 오늘날 실제로 만연한 생각이고, 정확히 말하자면 신은 죽었다는 가설로부터 이끌어 낸 허무주의적 가르침입니다. 그렇기 때문에 도스토옙스키가 "신이 죽는다면 모든 것이 허용된다"라고 했을 때 이 '모든 것'은 어떤 의미에서 보면 상당히 적어요. 모든 것이 허용되지만 이 모든 것은 그리 많지 않다는 것이지요. 실제로 신의 죽음에 대한 어떤 해석들은 인간의 가능성을 쾌적하게 물질적으로 살아남는 것에 전적으로 제한시키고 있어요. 니체의 답변은 그렇지 않습니다.

페터 엥겔만:  이러한 해석들은 도덕, 노동, 사회의 영역에서 인간의 가능성 및 능력과도 관련이 있나요?

알랭 바디우:  물론이지요. 그 해석들은 인간이 상당히 적은 능력을 갖고 있다고 주장합니다. 예를 들어 어떤 사안에 대해서 급진적으로 전력을 다해 행동하는 것은 바보 같은 짓이고 희생은 혐오스러운 사상이라는 생각들이 통용되고 있지요. 도스토옙스키의 문장이 던져 올린 진정한 문제는 무엇이 '모든 것'인가 하는 점이에요. 실제로 그것은 거의 아무것도 아니라는 것을 우리는 인지하고 있어요. 인간적인 동물의 실존에 머물러 있는 것 이상이 아니라는 점을요. 사람들은 거기에 만족하고요. 니체의 위대함은 그가 허무주의적인 가능성이 있다는 것을 아주 잘 알고 있으면서도 이 허무주의적 길을 가지 않았다는 점에 있다고 봐요. 그는 인간이 인간을 넘어설 수 있는 능력을 갖고 있다고 말하는 것을 통해 이 허무주의와의 싸움을 시도합니다. 이것이 '초인'이지요. '초인'은 물론 파시스트적인 방식으로 국가적 영웅을 가리키는 것이라고 이해되고 있지만 우리는 그것을 긍정적으로 볼 수도 있어요.

페터 엥겔만:  어떻게 그것을 긍정적으로 볼 수 있지요? '초인'에서 어떤 것이 긍정적이라고 보는 건가요?

알랭 바디우:  '초인'은 신의 죽음이라는 전제차에서 인간이 자

신을 넘어설 수 있다는 것을 뜻할 수도 있어요. 이것은 자신의 능력과 개방성을 보존한다는 의미를 갖지요. 제 생각에, 어떻게 말해야 할지 잘 모르겠지만, 니체에게는 무엇보다 '생물학적'인 경향이 있습니다. 인간적인 동물의 삶으로부터 권력의 질서에 속한 어떤 것을 얻어 낸다는 점에서 생물학적이라는 것이지요. 이것은 베르그송을 지나 오늘날 들뢰즈에 이르기까지 이어져 온 흐름이에요. 이 흐름은 개인이 외부로부터 온 사건을 통해 자신의 순수한 동물적 실존으로부터 벗어날 수 있다는 것을 뜻해요. 이 사건은 진리가 만들어지는 절차로 향하는 원동력을 제공하는데, 이 절차는 개인을 존재의 무한함과 접촉할 수 있게 해 줍니다. 니체에서 들뢰즈까지의 사상은 인간이 동물적인 삶의 힘으로부터 창조적인 기반을 발견할 수 있다고 말해요. 그것은 근본적으로 삶이란 항상 개체화보다 강하고, 개인보다 강하고, 살아 있는 개인은 그의 삶 속에서 그 자신보다 더 강한 것을 소유하고 있다는 생각입니다.

저는 개인이 삶의 절대자라는 형태로 절대자를 담지하고 있다는 것이 생물학적 헤겔주의라고 생각하지 않아요. 내재화된 힘으로서의 삶의 힘이 개인성을 벗어나도록 호명될 수 있다고 생각하지 않지요. 저는 항상 헤겔에 반한다고 여겨지는 니체나 들뢰즈의 사물에 대한 관점이 전혀 그에 반하고 있지 않다고 생각해 왔습니다. 왜냐하면 결국 그 관점 역시 절대자가 우리 가까이에 있다는 것을 의미하고 있거든요. 단지 이 관점에서는 절대자가 헤겔에서의 정신이 아니라 삶 자체일 뿐이에요.

페터 엥겔만: 우리는 지금 이행에 관해 말하고 있는 건가요?

알랭 바디우: 예. 정신에서 삶으로의 이행이지요. 이것은 생물학적이에요. 그리고 결국 '초인'을 그 결과로 갖게 될 거예요. 이것이 니체에 대한 저의 최종적인 판단입니다. 그의 초기의 물음은 제 생각에 굉장히 강한 물음이었어요. 생활력에서 답을 구하려는 시도는 여기에 어울리지 않아요. 왜냐하면 생활력이란 실제로는 완전히 맹목적이기 때문이에요. 그것은 어딘가로 이끄는 힘이 아니고 자기 자신의 영속화로 가는 힘이에요. 물론 어떤 내재적 능력의 영역에서 말이지요.

페터 엥겔만: 그럼 마르크스는요? 마르크스는 철학자이고 헤겔주의자였어요. 그런데 헤겔의 변증법을 뒤집는 포이어바흐 테제가 있지요. 이것은 우리가 니체에 대해 말했던 바에 따르면 하나의 원칙에서 다른 것으로의 이행을 말하나요?

알랭 바디우: 마르크스가 그런 시도를 했다는 것은 자명해요. 그 시도는 전형적인 19세기의 것이었어요. 그리고 프로이트와 정신분석학이 제시한 어떤 해석 속에서 발견할 수 있는 시도이기도 하지요. 이것은 다윈에 대한 특정한 해석을 예고

하기도 해요. 19세기의 모든 위대한 저자들은 긍정적 희망을 갖고 있었어요. 그러나 제가 마르크스에 대해서 말하고 싶은 것은 서로 완벽하게 조화를 이루지는 않는 세 가지 측면의 마르크스가 있다는 점입니다. 일단 헤겔 철학의 유산인 변증법이 있지요. 이 변증법은 객관적 변증법으로 이해되었습니다. 말하자면 모순들의 발전이지요. 이것이 역사철학, 역사적 운동의 포괄적인 전망을 구성해 내는 마르크스입니다.

페터 엥겔만: 마르크스의 역사철학은 그러니까 원래 헤겔의 역사철학이라는 말씀이신가요?

알랭 바디우: 물론이지요. 그는 헤겔 철학의 역사관을 유물론적으로 차용했어요. 이 철학은 필연성이라는 중요한 계수를 통해 특징지어집니다. 헤겔의 역사철학에서는 잇따르는 단계들이 필연적인 방식으로 연결되어 있어요. 봉건 제도에서 자본주의로의 이행, 그리고 그 이전에는 노예 제도에서 봉건 제도로의 이행이 있었고요. 이것을 계승한 마르크스를 저는 역사철학자라고 부르겠어요.

페터 엥겔만: 그래요. 그는 헤겔의 논리학을 사용했지요.

알랭 바디우: 그럼요. 초창기 마르크스는 그가 역사를 보는 포괄적인 관점 속에서 가장 헤겔주의적이었다고 말하고 싶습

니다. 그리고 제 생각에 따르면 사회에 관한 학문과 그 학문의 실질적인 기능에 대한 이론을 만들어 낸 전혀 다른 마르크스가 또 있어요. 이 이론은 그가 스스로 말했듯이 역사철학으로부터 이끌어 낸 것이 아니라 영국의 정치경제학으로부터 나온 것이었습니다. 그것은 헤겔이 아니라 리카도로부터 비롯된 것이에요. 마르크스는 인생의 가장 커다란 부분을 《자본론》을 쓰는 데 할애했어요. 비록 완성하지는 못했지만요. 《자본론》은 상당히 세밀한 분석을 통한 학문적 작업에 기초하고 있습니다. 여기서 헤겔의 변증법은 부차적인 역할을 하고 있어요. 저는 헤겔의 변증법이 완전히 사라졌다고 말하고 있는 것이 아니에요. 중점이 아니라고 하는 거지요. 중점은 언제나 잉여 가치와 그것의 재분배 메커니즘에 관한 분석이에요.

페터 엥겔만: 물론 역사철학의 고유한 논리 없이 말이지요.

알랭 바디우: 잉여 가치와 그것의 재분배 메커니즘에서 고유한 논리는 기능 논리예요.

페터 엥겔만: 공황에 관한 논리가 아니고요?

알랭 바디우: 근본적으로 봤을 때 그보다는 기능적인 논리예요.

페터 엥겔만: 하지만 《자본론》 3권에서 그 논리는 공황으로 이어지는데요.

알랭 바디우: 주기적인 공황에 대한 이론도 마르크스가 처음 만들어 낸 것은 아니에요. 자본주의 사회의 메커니즘이 과잉 생산의 주기적 공황을 만들어 낸다는 것은 이미 스미스에게도 시대에 상응하는 생각이었어요. 여기서 우리는 자본이 기능하는 방식에 관한 법칙을 발견하고 그로부터 분석적인 도표를 만들어 내려 노력했던 마르크스를 만나게 돼요. 제 생각에 이는 변증법적 마르크스가 아니라 분석적인 마르크스예요. 학문의, 긍정적인 학문의 이상이 마르크스에게 혼을 불어넣었다는 데 대해서는 의심할 여지가 없어요.

페터 엥겔만: 이 분석적 마르크스는 스미스의 이론에 무엇을 덧붙였나요?

알랭 바디우: 마르크스가 덧붙인 것은 사물의 내적인 핵심이 잉여 가치라는 사실로부터 나오는 결론들입니다. 그가 덧붙인 것은 모든 수단을 동원해서 이윤율을 유지하는 것이 기본적인 법칙이라는 사실로부터 나오는 분석적이고 규범적인 결론들이지요. 이것은 사회적이고 정치적인 조직의 다양한 전환점들을 정확하게 설명해 줍니다. 거기에는 의미심장한 새로운 발견들이 있는데 이는 리카도와 비교될 수는 있지

만 결국 같은 정신 속에 있는 것이지요. 이 마르크스는 19세기의 아주 위대한 학자예요.

그리고 정치적인 인간인 세 번째 마르크스가 있습니다. 바로 인터내셔널의 설립자인 마르크스지요. 인터내셔널은 프랑스의 계급 투쟁에 개입하고 아나키스트, 프루동, 그리고 기타 정파와의 싸움에 이상하게 말려들기도 했어요. 이 마르크스는 필요한 경우에 다른 두 마르크스를 이용했습니다. 역사 철학의 마르크스는 물론, 경제학적인 논쟁도 이용했지요. 마르크스는 세 가지 목표를 추구했어요. 첫 번째 커다란 목표는 역사적인 진화의 일반적 틀을 만들어 내는 것이었지요. 두 번째 목표는 당시 사회의 메커니즘에 대한 상당히 세밀한 분석이었고요. 세 번째 목표는 현존 질서의 파괴를 위해 적극적으로 기여할 혁명적 도구를 만들어 내는 것이었어요. 이것이 독일에서 혁명가로서의 삶을 시작한 마르크스입니다.

이 마르크스는 완전히 다른 것을 시작해요. 제 생각에 마르크스적 전통에는 언제나 각각의 마르크스주의자들이 어떤 마르크스에 중점적으로 연결되어 있는가 하는 문제가 있어요. 이것은 상황과 시기와 사람들과 문서에 달려 있습니다. 숨겨져 있고 금지된 문서는 여기서 커다란 역할을 하지요. 그래서 사람들은 프랑스 공산당의 영향력 속에서 30년간 《1844년 경제학 철학 초고》를 읽을 수 없었어요. 그것은 금지되었고 헤겔적인 문서로 취급되었지요. 지금 《1844년 경제학 철학 초고》를 읽어 보면 실제로 첫 번째와 두 번째 마르크스를 병합하는 문서임을 알 수 있습니다. 그리고 결국 이 병합의 결과는 세 번째 마르크스로 넘어가게 되는데, 이는 역사철학과 자본주의에 관한 분석적 시각이 접합되는 역사적 주체를 프롤레타리아 계급으로부터 만드는 것을 의미해요. 이 모든 것들로부터 제가 말하고 싶은 것은 다음과 같아요. 마르크스는 상당히 생생하고 흥미로운 지점 때문에 저에게는 복합성을 의미해요. 왜냐하면 마르크스는 구조적인 변증법이 지배적인 맥락 속에서 여전히 혁명적 주체에 대한 이론을 제시하려 노력하는 사람이거든요. 그 맥락은 새로운 정치적 주체를 만들어 내는 문제에 어울리지 않는 것이지요. 따라서 마르크스에게는 일종의 긴장이 존재합니다. 이 긴장은 경제 속에 있는지 역사 속에 있는지의 여부에 따라 분석적인 것과 변증법적인 것의 사용 사이에서 나오는 것이고요. 의도하는 것은 결국 그가 진실로 애정을 갖고 있는, 즉 새로운 정치적 주체의 구조적 등장과 설립을 목표로 삼는 일이에요.

알튀세르가 마르크스에게 근본적으로 주체 이론이 존재하지 않는다고 했던 이유는 그것을 《자본론》에서 발견할 수 없었기 때문이에요. 《자본론》에서는 새로운 정치적 주체를 찾을 수 없습니다. 마르크스는 계급이라는 개념에 도달했을 때 《자본론》을 끝냈어요. 그때는 정치적 주체란 개념이 있기 전이었고요. 정치적 주체를 《자본론》으로부터 가져올 수는 없지만 《자본론》을 주체의 구성이라는 문제에 유용하게 쓸 수는 있어요. 제 생각에 마르크스는 어떻게 구조적인 분석론이 주체의 문제를 해결하는 방법을 통해 변증법과 융합하여 새로운 것을 만들어 낼 수 있는지에 대해 최초로 문제를 제기했습니다. 이 문제에 관해서 저는 굉장히 민감해요. 왜냐하면 그것이 저의 과제라고 말할 수 있기 때문이지요. 어떻게 제가 가장 엄격한 형식적 수학을 주체에 관한 물음에 도움이 되도록 만들 수 있을까요? 이것은 마르크스도 이미 시도했던 것이고 프로이트 역시 어떤 관점에서 보면 그랬어요. 라캉이 분명하게 보여 줬듯이 말이지요. 프로이트에게는 상당히 분석적인 이론이 있었는데, 이는 무의식이 무엇인지에 대해 열역학적으로 설명하는 모델의 형식을 띠었습니다. 이것은 마르크스나 19세기의 다른 모든 사람들에게서처럼 확신에 가득 찬 실증주의지만 그럼에도 불구하고 결국 그곳에서 나오는 것은 인간적인 주체에 대한 새로운 시각이었어요. 이것은 라캉이 후에 분명히 했던 것처럼 인간적 주체에 대해 한 번도 존재한 적이 없었던 시각이고요. 근본적으로 봤을 때 문제는, 구조적인 분석을 그것의 진리가 주체와 같은 어떤 것을 필요로 하는 지점까지 몰아붙여야 한다는 것입니다. 그리고 제 생각에 마르크스와 프로이트의 공통점이자 각자가 갖고 있는 모순점은 그들이 주관적인 실증주의자라는 것입니다.

페터 엥겔만: 어떻게 구조적 분석에서 주체를 상상할 수 있을까요?

알랭 바디우: 그러기 위해서는 당연히 붕괴라는 범주가 필요해요.

페터 엥겔만: 이 범주가 반드시 필요한 것이군요.

알랭 바디우: 절대적으로요. 마르크스에게 있어 이것은 혁명이라는 범주였어요. 왜냐하면 혁명은 불가피하지도 불가능하지도 않은 사건이기 때문이지요. 혁명은 하나의 가능성이에요. 사람들이 생각하는 것과는 반대로 마르크스는 이 가능성이 피할 수 없고, 절대적으로 불가피하고, 온전히 스스로의 힘으로 일어난다고 생각한 적이 없습니다. 그가 그렇게 생각했다면 그렇게 어려운 조건 속에서 인터내셔널을 설립하기 위해 많은 시간을 투자하지 않았을 거예요. 프로이트에게는 분석적 치유라는 특이한 개념이 있는데, 이것은 주체가 주어진 상황 속에서 그의 증상과 자가 치유의 시스템을 실제로 변화시키는 효과를 가져와야만 해요. 저의 — 더욱 철학적인 — 사상적 총체에서 사건이라는 범주는 이 모든 것을 포괄해 내지 못해요. 사건은 외부로부터 온 원동력을 말하는데 분석론이 밝혀낸 것을 어떤 주어진 상황에서 다른 곳으로 옮겨 놓지요. 붕괴라는 것을 이해하기 위해서는 분석론을 그대로 갖고 있어야 해요. 왜냐하면 붕괴는 이 구조, 이 분석론의 붕괴이고 그것들의 특성을 보존하고 있기 때문이지요. 달리 표현하자면, 붕괴의 결과가 갖는 명료함은 사람들이 구조의 명

료함을 인식하고 있다는 것을 전제로 해요. 그리고 붕괴는 이 구조와의 관련 속에서 일어나는 것이고요. 저는 정확히 여기에 혁명적 마르크스주의의 문제가 놓여 있다고 봐요. 어떻게 혁명, 붕괴 등의 조건 속에서 그간 선행되었던 분석들의 분석적이고 변증법적인 엄격함이 유지될 수가 있지요? 왜냐하면 붕괴라는 것이 존재하긴 하지만, 마르크스가 프랑스의 상황을 분석할 때 분명히 보여 줬던 문제점은 어떤 붕괴도 완전하지 않다는 것이기 때문이에요. 붕괴는 항상 어떤 지점에서 일어납니다. 이 지점에서 퍼져 나갈 수도 있고요. 그러나 항상 한 지점일 뿐이에요. 그러니까 실제적으로 붕괴라는 것이 존재하긴 하지만, 이 붕괴의, 이 붕괴 장소의 주변은 구조적인 분석이 밝혀냈던 것의 통제하에 있어요.

페터 엥겔만: 혁명적 주체를 표현해 낼 수 있는 논리학이 존재할까요? 혁명적 주체의 정의는 위에서 말한 분석론과 변증법으로부터 도출되었지요. 마르크스는 그 총체적 요소를 정치적 작업에 관련시켰고요.

알랭 바디우: 제 생각에 주체의 본성은 추후에나 부분적으로 경험되고 밝혀지는 것이에요. 주체는 운동 그 자체입니다. 붕괴의 결과는 지적인, 정신적인, 그리고 그 밖의 다른 맥락 속에서 이 운동을 통해 나오는 것이지요. 이 운동은 정선된 모범을 통해 규정된 것이에요. 그러니까 마르크스에게는 변증

법과 분석론을 통해서, 정치적 경제와 역사철학을 통해서, 그리고 결국에는 프로세스의 명확성을 통해서 규정한 것이지요. 이 명확성은 운동이 중심에 놓여 있기 때문에 항상 부분적입니다. 붕괴의 결과는 아무런 계기도 없는 가운데 등장해요. 그것은 창조적이고 능동적이며 항상 복잡한 관계 속에 놓여 있지요. 이는 마르크스주의의 좋았던 시절, 이론과 실천 간의 관계에 있어 잘 알려진 문제점이었어요. 그러나 사실 그렇게 좋지는 않았지요. 당신도 정확히 알고 있는 것처럼요.

페터 엥겔만: 하지만 그건 다른 문제지요.

알랭 바디우: 저도 그건 잘 알고 있어요. 그렇지만 당신은 이론과 실천이라는 것에 대해 기억하지요?

페터 엥겔만: 물론이지요. 당연히 기억해요.

알랭 바디우: 모두가 그것이 커다란 문제점이라는 것을 알고 있었습니다. 모두가 이론과 실천이라는 것이 있음을 알고 있었지요. 그건 어느 정도 추상적인 것이었지만 평면적인 마르크스·레닌주의에서는 그렇게 얘기했어요. 하지만 그보다 진정한 문제는, 정신분석학에서 치유의 움직임, 의미들, 무의식에 대한 일반적인 이론 사이의 관계에 있어 지속적으로 되돌아오는 문제점들이 있는 것처럼 여기서도 마찬가지라는

점이에요. 제 생각에 이 문제가 드러나는 것은 아주 정상적인 일이에요. 진리와 주체의 — 양자는 서로 연결되어 있지요 — 진정한 운동은 내부로부터 붕괴를 매개로 해서 실현됩니다. 이 붕괴는 어떤 구조 속에서 나타나는데, 이 구조의 명확성은 분석적이고/거나 변증법적인 수단을 통해 주어지는 것이지요. 이 명확성은 분석적 차원과 변증법적인 차원을 분리하지 않을수록 커집니다. 제 생각에는 이것이 진정한 문제예요. 그것의 유산이 우리고요.

페터 엥겔만: 결국 이론과 실천 모두가 필요하다는 것이지요.

알랭 바디우: 그래요. 우리는 두 가지 모두 필요하지요. 그리고 제 생각에 형식화 — 경험을 형식화하고 그것에 어떤 형태를 부여하는 — 라는 것은 아마도 가장 중요한 요소예요. 왜냐하면 형식화라는 것은 분석론과 변증법 중 하나를 선택하지 않거든요. 형식화는 둘 중 어떤 것이 우세하게 될지에 대해 결정하지 않고 가능성을 열어 둡니다. 그것은 우리가 항상 경험해 왔던 양자 간의 분쟁을 방지하지요. 이는 저의 철학에서 정말로 중요한 목표 중 하나예요. 제가 보여 주려 하는 것은, 우리가 진정한 운동 속에 있다면 분석적인 생각과 변증법적인 생각 사이에 놓인 어떤 특정한 문제의 표면상의 모순을 해결할 수 있다는 점이에요. 진정한 운동 속에서 우리는 분석적이거나 변증법적인 요소에 의지합니다. 주요한 논제는 이

진정한 운동이 어떻게 형식화하는지, 어떤 형태를 부여받는지에 관한 것이에요. 형식이라는 개념은 그 자체로 변증법적이지도 분석적이지도 않아요. 그것은 양자의 담지자가 될 수 있어요. 복잡하지요. 하지만 저는 진정한 운동, 무한함으로 가는 운동, 무한함에 이르기 위한 다양한 가능성들이 주제가 되는 곳에서 분석론과 변증법 사이의 분쟁에 휘말리지 않기 위한 부가적 수단을 제 철학에서 제공하려고 시도하고 있어요. 이것은 마르크스주의의 내적 분쟁입니다. 경제가 우선이며 모든 것이 경제적 분석에 달려 있다고 생각하는 쪽과 정치적 행위 및 혁명적 활동이 우선한다고 생각하는 쪽 사이의 분쟁이지요. 이 능동적 좌파 근본주의와 경제적 우파 사이의 긴장은 역사적 마르크스주의에 정말로 무거운 짐입니다. 이 긴장은 정신분석학의 발전에도 무거운 짐이에요. 근본적으로 객관적인 의학이 있다고 생각하는 쪽과 그 반대로 완전히 순수한 주체 이론이라는 측면을 중심에 놓는 쪽 사이의 긴장 말이지요.

저는 이것을 극복하고 싶어요. 제 철학적 목표를 가장 선명하게 정의하는 것은 제가 다음과 같은 것을 보여 주고 싶어한다는 점이에요. 주체는 진정한 운동 속에서 나타나고 이 진정한 운동은 어떤 구조적 유형 내부에서, 어떤 분석적 규정의 유형 내부에서 붕괴에 의해 지배된다는 점 말이지요. 그리고 이 운동을 조명하기 위해, 그것을 형식화하기 위해, 우리는 형식화의 다양한 종류에 속한 범주들을 사용할 수 있습니다. 그러니까 우리는 부정성, 비판, 그리고 모순이라는 의미에서의 변증법적 분석을 이용하는 동시에 구조, 구조의 지배적인 요소들이라는 의미에서의 분석적 요소들도 이용할 수 있어요.

페터 엥겔만: 당신이 마르크스를 정치가나 혁명가로 볼 때 그의 변증법적이고 분석적인 작업으로부터 정치적 필연성이 도출된다고 생각하나요?

알랭 바디우: 물론이지요. 그의 책을 읽으면 실례들을 찾아낼 수 있어요.

페터 엥겔만: 혁명적 마르크스가 만들어 낸 실례들 말인가요?

알랭 바디우: 그렇다고 봐요.

페터 엥겔만: 거기에 공산주의 이념을 위한 초석이 놓여 있나요?

알랭 바디우: 예. 하지만 공산주의 이념은 정확히 말해서 분석적이지도 변증법적이지도 않아요. 《공산당 선언》에서의 마르크스를 예로 든다면 변증법적인 버전의 공산주의 이념이 있긴 하지만요.

페터 엥겔만: 변증법적이고 분석적인 작업과 공산주의 이념 사이에 붕괴가 존재하나요? 그리고 무엇이 이 두 가지를 연결시켜 주지요?

알랭 바디우: 저에게 공산주의 이념은 그것을 사용하는 것이 진정한 운동의 형식화가 되는 이념 중 가장 좋은 예예요. 그것은 어떤 구체적 상황이나 진정한 운동의 정치적 의미를 판단하고 평가할 수 있게 만들어 주는 이념이에요. 그 정치적 의미의 일반적인 이행이 이 이념과 일치하는지 아닌지를 판단하고 평가하는 것이지요. 공산주의 이념은 다른 한편으로 변증법적이기도 한데, 공산주의를 역사철학 쪽에 두었을 때와 원시 사회에서 오늘날에 이르기까지 역사적 운동의 피해 갈 수 없는 최종성이 불가피한 목표라고 할 때 그렇습니다. 공산주의가 불가피한, 긍정적인, 그리고 자본주의로부터 서서히 스스로 만들어져 나온 결과라고 할 때, 그리고 대안은 공산주의이거나 야만이라고 할 때, 즉 공산주의이거나 인류의 삶에 있어서의 재앙이라고 할 때, 우리는 분석적인 요소를 통해 공산주의에 다가가고요. 여기서 공산주의는 자본주의의 위기와 연관되어집니다.

저에게 공산주의는 진정한 운동을 형식화하는 데 쓰입니다. 말하자면 진정한 운동은 가장 먼저 이 공산주의 이념의 방향으로 간다는 것이지요. 여기서는 분석론과 변증법 사이에서 선택할 필요가 없어요. 그게 장점이지요. 제 생각에 공산주의는 이중적 의미에서 형식적인 이념이에요. 한편으로는 현재 일어나고 있는 정치적 운동의 일반적 형태를 규정하고 한편으로는 규범적이기 때문이지요. 이것이 의미하는 바는, 공산주의가 어떤 것에 대한 판단을 하고, 특정한 상황과 다른 상황과의 관계, 또는 이 상황 내에서 일정한 경향과 다른 경향과의 관계에 의미를 부여하는 일을 가능케 한다는 것이에요. 잠시 덧붙이자면 마르크스는 공산주의 이념을 자신의 가장 종합적인 문서들에서 사용했는데, 여기에서는 형식화 작업이 이루어지고 있고 구체적인 정치적 상황들에 대한 분석이 있어요. 예를 들어 파리 코뮌, 프랑스의 계급 투쟁, 러시아에서의 정치적 투쟁 후반부의 사건 같은 것들이요. 그 문서들을 통해 역사철학이나 경제적 분석이 아니라 진정한 운동의 형식화에 착수한 것이지요. 이 형식화는 무슨 일이 일어났는지를 이해할 수 있게 하고 종국에는 공산주의 이념을 발전시킬 수 있는 분석과 판단을 가능케 하는 힘을 보여 줘요.

페터 엥겔만: 사후에 이루어지는 형식화에 대해 말씀하시는 것인가요? '공산주의 이념'은 사회적 운동의 형식화인가요?

알랭 바디우: 아니요. 행동을 한다면, 그리고 그것이 진정한 운동이라면, 끊임없이 형식화의 과정에 있는 것이고 그것이 사후에 온다는 생각은 하지 않아요. 파리 코뮌에 대한 마르크스의 문서는, 그의 메모들이 보여 주듯이 코뮌이 있던 당시에

쓰여진 것이지 사후에 쓰여진 것이 아니에요. 마르크스는 그러니까 하루하루 사안들에 형식을 부여하고, 무슨 일이 일어났는지를 알고, 일어난 일과 공산주의 이념 간의 관계가 어떤 모습을 띠고 있는지를 알고자 했어요. 그는 이런 관점에서 사건과 동시대를 사는 사람이에요. 또 행동하는 사람이기도 하지요. 그가 파리에 있지 않다는 것이 그가 머리로만 행동하는 사람이라는 것을 뜻하지는 않아요. 그는 정확히 사건 속으로 들어가 있는 개인입니다.

페터 엥겔만: 그러니까 공산주의 이념은 행동과 행동에 대한 성찰로부터 나오는군요?

알랭 바디우: 하지만 정치에는 행동과 행동에 대한 성찰이 부득이하게 동시에 일어나요. 왜냐하면 우리는 이튿날 무엇을 할지 결정을 해야 하기 때문이지요. 우리는 오늘 일어난 일에 대해 형식을 부여하는 형식을 이미 갖고 있는 거예요.

페터 엥겔만: 그러니까 공산주의 이념은 외부로부터 가져오는 규범적인 이념이 아니라는 말인가요?

알랭 바디우: 전혀 아니지요. 공산주의 이념은 사안에 내재되어 있어요. 그리고 변증법적으로 역사의 지평에 위치시키거나 분석적으로 직접적이고 구체적인 상황에 완전히 집중될

수 있는 그런 이념이에요. 그것은 이런 두 가지 능력을 갖고 있어요. 그렇기 때문에 유용하고 진정한 정치적 이념이 될 수 있는 것이지요. 이는 마르크스의 문서에서 분명하게 드러납니다.

페터 엥겔만: 공산주의 이념은 철학적 이념이 아닌 건가요?

알랭 바디우: 철학이 현대 정치에 대해 무슨 말을 할 수 있느냐고 묻는다면 공산주의 이념은 철학적이에요. '공산주의'라는 범주는 철학적으로 완성되었어요. 마르크스가 이미 경험했듯이, 동시대의 정치에서 주체화에 유용한 것은 보편적 의미를 갖는다는 점을 표현하기 위해서 말이지요. 제가 보기에 철학은 실제로 오직 절대자에만 관심을 보입니다. 저는 절대자라는 범주를 해체하는 철학이 존재한다는 것을 전혀 이해할 수 없었어요. 왜냐하면 저는 항상 그 철학이 실제로는 해체 속에서 절대자의 형상을 은밀하게 보존하고 있다고 생각했거든요. 철학이 진정으로 관심을 두는 것은, 그러니까 정치적인 예를 들자면, ― '공산주의'는 그 예의 하나일 수는 있지만 유일한 것은 아니에요 ― 바로 정치 속에서 인류의 해방에 관련된 모든 것들, 그리고 그에 따라 어떤 것이 집단적인 삶에서 보편적인 의미를 가질 수 있느냐 하는 거예요. 자본주의는 그것을 자기 스스로 내세울 수가 없지요.

페터 엥겔만: 공산주의 이념은 공산주의가 어떤 것인지를 설명하나요? 공산주의 이념이 정치적 프로세스로부터 발생하고 그것을 따라가는 거라면 공산주의 이념은 정치적 프로세스와 연관되어 있는 정치적 이념이겠지요. 그 이념이 규범적인 구성 요소나 부분을 갖고 있는 건가요? 그리고 그것은 정치적 프로세스에도 유효한가요?

알랭 바디우: 무엇보다 공산주의 이념이 형식화의 방법으로서, 분석적이고 변증법적인 범주를 실행에 옮기는 요소 속에서만 작동한다는 것을 분명히 알아야 해요. 그것을 격리시킨다면, 그것을 실제적인 상황으로부터 제공된 분석적이고 변증법적인 물질로부터 분리시킨다면, 그것은 근본적으로 단지 일종의 규정되지 않은 역사적 지평이 될 뿐이에요. 이렇게 됨과 동시에 역사철학이 그것을 집어삼키게 됩니다. 종종 단어가 있다는 것은 불필요하기도 해요. 마르크스의 분석에서 '공산주의'라는 단어는 결정적인 기술 역할을 하지 않아요. 그것은 단지 어떤 지점인데, 그 지점으로부터 생산의 상태, 계급 등과 관련된 분석적 작동자들이 결합하고 같이 작업할 수 있게 되는 것이지요. 마찬가지로 변증법적 작동자들도 어떻게 부정성이 이 모든 것 속에서 작용하는지, 어떻게 모순들이 서로 대립하는지를 보여 줍니다. '공산주의'라는 단어의 무게와 힘은 그것이 명확하게, 그리고 명시적으로, 근본적으로 다른 어떤 구조가 가능하다는 신념을 의미한다는 데 있어요. 이것

이 중점입니다. 공산주의라는 단어는 오늘날을 지배하고 있는 사회의 구조 유형과는 다른 유형이 가능하다는 신념을 나타내고 있기 때문에 다시 중요해진 것이거든요.

페터 엥겔만: 공산주의라는 개념의 역사적 부담감 때문에 다른 개념을 선택해야 하는 건 아닐까요?

알랭 바디우: 다른 개념은 없어요. 역사적으로 봤을 때 다른 것은 없어요. 그리고 과실의 시대에 일어났던 일들이 그 이름을 갖고 있었다는 사실은 근본적 근거를 대는 주장이 아니에요. 사람들은 어떻게 제가 그런 확신을 갖고 있는지 묻습니다. 하지만 사회주의 국가들은 겨우 50~60년 동안 유지되었을 뿐이에요. 그건 정말 짧은 시간인 거지요.

페터 엥겔만: 그건 생각하기 나름이에요.

알랭 바디우: 물론이지요. 동독에서 온 당신 같은 사람들에게는 긴 시간이었을 거예요.

페터 엥겔만: 혹시 다른 개념이 없다 해도 다른 정치가 있진 않을까요?

알랭 바디우: 그건 기독교의 본질이 종교 재판이라고 말하는

것과 같아요. 사람들은 그렇게 받아들이지 않을 거예요. 사람들은 공산주의에 있어서도 그런 식으로 받아들이지 않을 수 있어요. 공산주의의 본질은 스탈린이 아니에요. 왜냐하면 스탈린 스스로 스탈린이 공산주의의 본질이 아니라는 것을 증명했기 때문이에요. 스탈린은 어떤 특정한 역사의 한 부분이지요.

페터 엥겔만: 종교 재판이 기독교에 있어 본질적인 것이고 스탈린주의가 공산주의에 있어 본질적인 것이라고 말하는 시각의 뒤편에는 확신만 있는 것이 아니지요. 그에 관한 논증도 있어요.

알랭 바디우: 저는 상당히 각별하고 중요한 문제와 관련지어서 그 논증에 관해 토론할 준비가 되어 있어요. 그러니까 국가라는 문제 말이지요. 그건 단서가 되는 문제예요. 우리는 일단 이데올로기, 정치, 운동, 진리 등등 간의 순수한 관계 속에 있는 것이 아닙니다. 우리는 정치적 영역과 국가라는 사안에 대한 특수한 문제 제기와 마주하는 거예요. 종교 재판에도 같은 것이 적용되고요.

　기독교의 문제점은 콘스탄티누스 1세예요. 콘스탄티누스 1세는 근본적으로 스탈린과 같아요. 테러리스트적인 조건하에서는 사안들이 권력과 합치되는 순간이 있지요. 정말 모든 해방 이론은 어떤 특정한 지점에서 현실화되는 것처럼 보여요. 이는 부정적인 경험으로 나아가게 됩니다. 왜냐하면 그 사안들은 단순하게 국가와의, 그리고 지도 권력과의 융합 때문에 아주 특별한 방식으로 부패하기 때문이지요. 공산주의 이념 속에 절대적으로 근본적인 소여성이 있다는 점을 생각한다면 국가의 소멸을 납득할 수 있어요. 마르크스와 공산주의자들은 공산주의 사상과 국가 권력 사이에 전략적인 불일치성이 있다는 것을 정확히 알고 있었어요. 왜냐하면 공산주의 이념은 그들의 생각에 따르면 국가 권력이 소멸한다는 조건하에서만 역사적으로 살아남을 수 있기 때문이지요. 그러니까 공산주의자들이 국가 권력을 수행하게 되면 시간적으로도 실제적으로도 견고하지 못했던 모순점들이 다시 돌아온다는 것은 놀랄 일이 아니에요.

페터 엥겔만: 국가가 없는 사회를 상상할 수 있을까요?

알랭 바디우: 상상할 필요는 전혀 없어요. 그것을 위해 투쟁하는 것이 중요하지요.

페터 엥겔만: 국가가 비공산주의적 사회를 보호한다면 테러리즘을 사용하지 않고 투쟁하는 것이 가능한가요?

알랭 바디우: 지금으로서 그건 너무 앞선 질문이에요. 행동하려 하는데 미래에 대해 완벽한 상을 그려야 한다고 요구할

수는 없지요. 그건 실질적으로 가능하지 않아요. 우리가 알고 있는 것은 아주 분명합니다. 우리는 20세기에 어떤 조건 하에서 공산주의 이념이 국가 권력과 결합했는지를 알아요. 그 조건은 '공산주의'라고 불리지 않았지요. 그보다는 '사회주의적' 국가라는 말을 사용했어요. 이는 공산주의가 일차적으로 하나의 운동이라는 것을 상기시킵니다. 마오쩌둥이 가장 선명하게 표현했지요. "공산주의적 운동 없이는 공산주의가 아니다". 공산주의는 그러니까 정확히 말해서 권력이 아니에요. 그것은 운동이어야만 해요. 그리고 그것은 뭔가 다른 것이 될 수 없어요. 국가나 정당이나 국가의 단일 정당 같은 것들 말이지요. 그러니까 운동으로서의 공산주의가 어떤 방식 속에서 존재하는지를 항상 살펴야 해요. 이것이 우리가 그 시기로부터 가져올 수 있는 교훈입니다. 공산주의적 운동이 어떤 것일 수 있는지에 대한 상을 통해서 우리는 완전히 다른 방식으로 국가와 권력에 다가갈 수 있어요. 그러나 지금은 그것에 대해 그 이상의 것을 말할 수가 없지요. 우리는 다시 마르크스에 의존하고 있어요. 제가 종종 지적하듯이 지금 우리는 1840년부터 1850년까지의 마르크스에 상당히 가깝게 다가가 있어요. 마르크스가 시작했던 운동의 모든 역사적 단계는 종료되었어요. 자본주의는 다시 보편적으로 우월함을 얻었지요. 그것은 완전히 고삐가 풀렸고 공동체에 대해 야만적이에요. 이 야만이 지금 지배적이기 때문에 우리는 일단 '공산주의'라는 단어를 다시 유통시킬 수 있는 아이디어를 만들어야만 해요. 정치적 경험을 나눌 수 있는 작은 지역적 중심지를 조직해야 하고, 이집트나 중국 등에 존재하는 커다란 운동에 참여해야 하고, 이 모든 것들에 변증법적인, 분석적인, 형식적인 작업을 통해 함께해야 해요. 상황은 그렇게 보입니다.

페터 엥겔만: 당신은 사회주의 국가의 역사를 대하면서 전혀 당혹하지 않는군요.

알랭 바디우: 네. 저는 사회주의 국가의 역사에 아주 큰 관심을 갖고 있는 사람이에요. 그러나 사안은 완결되었어요. 사람들은 이 완결된 사안이 예전에 있던 그것이라는 이유로 우리에게 조용히 처신해야만 한다고 끝없이 반복하지는 않을 거예요. 그럼에도 불구하고 사람들은 우리에게 그렇게 말합니다. 그것이 끝났다는 것을 반복하지 않아도 기본적으로 사회주의 국가가 어땠는지는 모두가 알아요. 그 누구도 자기 자신을 위해 공산주의를 필요로 하진 않습니다. 아마도 저와 제 몇몇 친구들 외에는 말이지요.

페터 엥겔만: 아니에요. 독일의 '좌파'가 그러고 있지요. 그들을 아시나요?

알랭 바디우: 알지요. 동독이 상당히 괜찮았다고 쓴 그들의 문

서도 읽었어요. 그것이 새로운 동독을 만들게 하지는 않을 거예요. 우리끼리 얘깁니다만, 동독을 만들기 위해서는 무엇보다 일단 소비에트 군대가 필요해요.

페터 엥겔만: 그건 사실이에요.

알랭 바디우: 뭐든지 간에 외국 군대의 도움으로 만들어 내지는 말아야 해요. 어느 곳에서도 외국 군대의 도움으로 민주주의를 세워서는 안 됩니다.

페터 엥겔만: 민주주의라는 문제에 관해서라면, '바디우와 지젝 현재의 철학을 말하다'라는 제목으로 발간된 슬라보예 지젝과의 대담에서 당신은 다음과 같이 말했지요. 온 세계의 자본주의가 민주주의는 너무 가볍다며 비판할 것이라고. 하지만 그것으로는 충분하지 않을 것이고 그보다는 민주주의라는 개념에 대해 비판적으로 말할 것이라고요. 이 말이 무엇을 의미하는지 설명해 줄 수 있겠어요?

알랭 바디우: 민주주의라고 부르는 것은 단지 헤게모니를 가진 권력의 지배적 조직이라고 생각해요. 이것은 정당성과 패권을 만들어 내는 프로토콜이지요. 더는 그것에 관심을 갖지 않는 것이 좋아요. 그것은 주류 질서의 정치예요. 민주주의라는 이름으로 존재하는 정치는 민주주의적이지 않습니다. 민

중이 권력이란 것을 갖고 있나요? 아니지요. 민중이 오늘날 어떤 권력도 갖고 있지 않다는 건 모두가 잘 알아요. 사람들은 누가 무엇을 가졌는지, 그러니까 은행가, 그리고 은행가와 함께하는 정치가가 무엇을 가졌는지 알아요. 그러니까 완전히 그것들의 외부에서 정치적 경험을 만들어야 해요. 자본주의가 얼마나 사악할 수 있는지 외치는 것은 충분치 않습니다. 정치적 조직과 새로운 정치적 경험이 만들어 내는 것은 그런 것이 아니에요. 자본주의가 얼마나 사악한지에 대해 외치고 그다음 선거에서는 주류 질서를 선출하는 식이라면요.

페터 엥겔만: 자본주의에서 다른 정치적 형태, 민주주의의 정치적 형태를 상상할 수 있나요?

알랭 바디우: 자본주의 국가들에서는 민주주의가 지배를 하고 있지요.

페터 엥겔만: 저는 진정한 민주주의의 형태를 말하는 거예요. 예를 들어 독일에서는 인권 보호를 위한 민주주의적 기관이 있잖아요.

알랭 바디우: 예. 동의해요. 자본주의가 발달한 곳에서는 정치적 형태들도 발달했지요. 유럽과 미국의 오래된 자본주의적 권력에서는 이미 민주주의 형태가 기반을 잡았습니다. '도약

하려고 애쓰는' 권력들은 조금 더 독재적으로 향하고 있지요. 프랑스 역시 나폴레옹 3세 때 독재적이었다는 것은 놀랄 만한 일이 아닙니다. 원시적 축적의 자본주의 단계에서는 정권이 전체주의적이기 마련이니까요.

페터 엥겔만:　'도약하려고 애쓰는' 정권하에 살고 있는 사람들의 상황이 나아지긴 할까요?

알랭 바디우:　제 생각에 그것은 시간의 문제입니다. 예컨대, 제가 중국의 민주주의를 위해 투쟁해야 할 이유는 전혀 없어요. 그건 저와 완전히 상관 없는 일이에요. 부유해지면 저절로 그렇게 돼요. 그게 전부지요. 이것은 자본의 역사이지 제 역사가 아니에요. 우리가 독일을 상대로 그랬던 것처럼 중국이 힘센 군대를 보유한 생산적인 제국적 기구를 갖고 미국을 상대로 전쟁을 벌인다면 의회가 만들어질 거예요. 그게 다지요. 이것이 인류의 현재 역사예요. 제국적이고 강하게 무장하고 전쟁을 무서워하지 않는 지배적 권력은 이런 형태의 정치적 정권을 세울 수 있어요. 민주주의라고 일컬어지는 것은 실제로는 이 시대 자본주의의 고도로 발달된 형태에 상응하는 정치적 정권이에요.

페터 엥겔만:　하지만 중국에 사는 것과 그렇지 않은 것 사이에는 차이가 존재하잖아요?

알랭 바디우:　당연히 차이가 있지요.

페터 엥겔만:　그곳 사람들의 상황을 개선할 필요는 없습니까?

알랭 바디우:　그 차이점 때문에 자본주의가 서구 국가에서 규범인 것이 아니에요. 제국주의적 자본주의 역시 자본주의지요. 최근에 미국은 중국보다 더 많은 사람들을 죽였습니다. 예를 들어 이라크에서요. 따라서 우리는 이 모두를 긍정적으로 보아서는 안 돼요. 제국주의적 권력들은 전투력을 갖춘 군대를 갖고 있어요. 그들은 아프리카를 거리낌 없이 약탈한 강도예요. 그들은 그 때문에 여론의 일부를 사들이지요. 여기에는 우리가 진정으로 흥미를 가질 만큼 대단한 것이 하나도 없습니다. 평등과 공동체성을 향한 사회로 이끄는 어떤 것도 없지요. 거기에는 공산주의 이념과 관계되는 것이 전혀 없어요. 저는 그것이 병든 상태에 있다고 봐요.

페터 엥겔만:　병든 상태요?

알랭 바디우:　저는 자본주의가 병들었다고 생각합니다. 저렇게 거대한 재산이 저렇게 작은 대륙에 집약되어 있다는 것은 완전히 정도를 벗어난 일이에요. 그건 병든 상태지요. 숙환이에요. 결국 세계는 중국이 계속 병들어 가고 거대 권력들의 본질이라는 조건하에서 거대 권력이 되도록 결정할 겁니다. 따

라서 중국이 어떻게 되는지는 우리의 지성적 관심의 대상이 아니에요. 그 전체가 이미 결정되어 있는 것이지요. 중국은 핵 권력이 될 것이고, 제국주의적이 될 것이고, 세계 시장을 지배하고 아프리카를 약탈할 거예요. 그것은 이미 시작되었어요. 중국은 부유한 중산층을 가진 거대 연방이 될 것이고, 예를 들면 아프리카에서 이민자들을 받아들일 거예요. 저는 '이 나라가 우리처럼 되길 바란다'는 말에서만 존재의 근거를 갖는 세계에 관심을 두고 싶지 않아요. 이건 전혀 좋은 것이 아니지요. 다른 사람들이 우리처럼 되길 절대적으로 바랄 아무런 이유가 없어요.

페터 엥겔만: 저는 당신의 논증을 이해해요. 하지만 우리의 역사로 소급되는 어떤 차이점이 있어요. 저는 예를 들어 어떤 나라에 살았는데, 그곳에서는 자유로운 시민으로서 저 스스로를 보호하기 위한 어떤 합법적 권한도 갖지 않았지요. 이런 이유로 저는 위에서 이야기되었던 차이를 알 수 있고 발전을 존중해요. 제가 그 뒤로 하고 있는 모든 일은 감옥에서 탈출하고 비자본주의적인 정치 체제로부터 도망쳤다는 사실 덕분이에요.

알랭 바디우: 차이는 있어요. 저는 프랑스에 사는 것과 카메룬에 사는 것은 완전히 다르다고 인정합니다.

페터 엥겔만: 혹은 동독에서요.

알랭 바디우: 덧붙이자면 많은 카메룬 사람들은 단지 살기 위해 이곳으로 왔다고 생각해요. 그러나 자본주의가 생산성에 있어 하나의 역사적 단계이긴 해도 사상의 근본적 규범이라는 관점하에서 그것은 병든 상태에 있어요. 그것이 쾌적한, 그 속에서 사는 사람들에게 쾌적한 병든 상태라고 해도요. 최소한으로 '건강'한 상태에 있더라도 그것을 정치적인 규범으로 받아들일 수는 없어요. 이 사회가 제안하는 삶의 유형이 상당히 파괴적인 사회라는 것을 보기 위해 선견지명이 필요하지는 않습니다. 그 사회가 보편적인 가치를 갖는 것을 지지하지 않음을 똑똑히 볼 수 있어요. 그 사회는 평등을 적대시하고 교육을 서서히 파괴하고 진리들에 적대적이길 작정했어요. 그 사회는 의견들이 통치하지요.

# 두 번째 대담

페터 엥겔만: 어제 우리는 주체에 대해 이야기했어요. 우리는 철학의 역사에 주체의 자리를 만들어 주었고 그것을 1950~60년대 프랑스의 맥락에 위치시켰지요. 이제 저는 다시 한 번 주체의 개념이 열어 준 가능성에 대해서 이야기하고 싶어요. 당신이 그 개념을 발전시켰던 것처럼요. 저는 그 개념에 당신이 상당한 애정을 갖고 있다고 생각해요.

알랭 바디우: 우리는 주체가 개인으로 하여금 실재의 무한성, 실재의 무한함에 도달할 수 있도록 한다고 이야기했습니다. 우리는 또 주체가 특수하고 개별적인 개인에게 보편적인 것으로 나아가는 통로를 허가한다고 이야기했지요. 주체라는 개념은 개인의 어떤 능력 및 가능성과 연결되어 있습니다. 이는 개인이 더는 전적으로 개별성 — 오늘날 사람들이 이해관계라고 말하는 — 에만 묶여 있지 않고, 보편적인 가치를 갖

거나, 실재의 무한함과 접촉하는 어떤 것을 건설하는 데 참여자가 되고 행동하는 사람이 되는 능력과 가능성을 말하지요. 따라서 주체는 어떤 형태의 중재, 그리고 중재자를 뜻합니다. 정확히 말하면 개별적인, 개인적인, 생물학적인, 문화적인, 국가적인 개인의 한계와 보편적인 가치를 갖는, 무한함에 가까이 있는, 그리고 이 관점에서 볼 때 앞에서 말한 한계의 저편에 놓여 있는 것 사이에서 중재하는 운동을 말하지요. 이제 잘 보고 있어야 할 것은, 개인이 어떤 주체에 편입되는 과정에서 결국 주체가 되긴 하지만, 그럼에도 불구하고 여전히 개별적인 세계에 머물러 있게 된다는 점이에요. 그러니까 주체는 개별적인 것에서 보편적인 것에 도달하는 운동 같은 것입니다. 개별적인 재료들을 갖고 말이지요. 아주 단순한 예를 들어 볼게요. 정치에만 머물러 있지 말고 시적인 창조물에 대해 얘기해 봅시다. 정치에만 머무르는 건 종종 아주 지루해요.

조금만 뒤로 돌아가 볼까요. 우리는 주체가 어떤 순간이고, 그 순간 속에서 개인이 그 특수성과 개별성을 넘어설 수 있는 가능성에 참여한다고 이야기했어요. 그 가능성은 또한 개인이 그 의미가 보편적이고 무한한 무언가를 건설하고 구축할 수 있는 가능성이기도 하지요. 제가 상기시키고 싶은 것은, 그럼에도 불구하고 그 가능성은 개인이 다른 세계로 넘어가는 것을 뜻하지는 않는다는 점이에요. 플라톤에서처럼 말이지요.

페터 엥겔만: 그래요. 그건 중요하지요.

알랭 바디우: 그건 굉장히 중요해요. 개인은 개별적인 것으로 남아 있어요. 그리고 진리 역시 개별적인 세계에서 개별적인 재료들로 이루어진 것이지요. 시를 예로 들어 볼게요. 시적인 창조물의 프로세스를요. 하나의 시는 위대한 시인에 의해 쓰여지고 사람들은 그것을 읽고 듣고 감탄합니다. 그 시는 보편적인 언어로 쓰여진 것이 아니지요. 그것은 독일어나 프랑스어나 영어 등으로 쓰여집니다. 한 화가가 외부 세계를 표현한다고 하더라도 그 외부 세계는 어떤 특정한 역사적 시기의 것이에요. 사람들은 특정한 복장을 하고 있고 종교적인 그림의 경우 기독교적 맥락과 연관되어 있지요.

이를 통해 제가 말씀드리고 싶은 것은, 하나의 예술 작품이 근본적으로 보편적인 가치를 가질 수 있다는 사실이, 곧 그것이 만들어진 세계로부터 벗어나는 것을 뜻하지는 않는다는 점입니다. 예술 작품, 그것의 재료, 그리고 그것의 위치는 개별적인 것에 머물러요. 그렇기 때문에 중세 서구의 예술이나 아랍 예술이나 독일 시인의 예술이라고 부를 수 있는 것이지요. 풀어야 할 가치가 있는 문제는 어떻게 하나의 작품이, 하나의 예술 작품이, 그것의 탄생과 맥락과 재료가 개별적임에도 불구하고 보편적인 범위를 포괄하는지, 어떻게 특정한 측면으로부터 전체적인 인류로 향할 수 있는지에 관한 것입니다. 이 문제를 풀기 위해 물질적인 세계와 초월적이거나 정신적인 세계 두 가지가 있다는 상상을 할 필요는 없어요. 왜 나하면 일반적인 개인들은 이 세계와 이 주체로 가는 통로를 갖고 있으니까요.

페터 엥겔만:  그들이 보편적 능력을 보유하고 있기 때문에 이 통로를 갖는 것이지요.

알랭 바디우:  그래요. 그러나 조금 더 복잡합니다. 왜 독일어로 쓰여진 위대한 시가 번역이 되고 변형이 되었을 때에도 프랑스 사람으로부터 보편적인 힘을 가진 시로서 받아들여지게 되는 걸까요? 저는 독일어를 못하지만 횔덜린이 위대한 시인 이라는 것을 알아요. 왜냐하면 횔덜린의 시를 프랑스어로 읽 었기 때문이지요. 하지만 제가 정말로 횔덜린의 시를 읽은 것 은 아니에요. 횔덜린의 시로부터 기인했으나 변형된 어떤 것 을 읽은 것이지요. 그러니까 이 시에는 그것이 쓰여진 독일어 로 환원될 수 없는 무언가가 있어요. 그 시는 독일어로 쓰여 졌고 독일어 없이는 존재할 수 없겠지만요.

페터 엥겔만:  그러나 그 시가 자신이 비롯된 물질적 조건으로 만 환원될 수는 없잖아요.

알랭 바디우:  이 점을 설명하기 위해서는 우리가 어제 얘기했 던 붕괴라는 개념을 이용해야 해요. 덧붙이자면 위대한 작품,

발명, 창조물은 개별적인 조건 한가운데에서 필연적으로 개별적인 조건을 넘어서는 어떤 것이에요. 그것은 제가 내재적 예외라고 불렀던 것입니다. 그것은 내부에 있는 예외이지 외부에 있는 예외가 아니에요. 그러니까 개별적 작품이 보편적 가치를 갖는 이유는, 그것이 탄생의 개별적 조건으로 완전히 환원되지 않기 때문만이 아니라 이 조건 한가운데 있는 내재적 예외이기 때문이기도 해요. 그 작품들은 그들 존재의 구체적 조건을 시사할 뿐만 아니라 그 조건 내부의 붕괴까지 시사하지요. 따라서 그들은 실제로는 사건입니다. 그들은 단지 내적인 개별성에 불과한 것이 아니에요. 그들 내부의 어떤 것이 그들이 비롯된 구체적 조건의 건너편으로 옮겨졌어요. 그렇지 않고서는 왜 — 제 생각에 이것은 마르크스가 《정치경제학 비판 요강》의 서문에서 제기했던 문제인데 — 우리가 그리스 비극에서 감동을 받는지, 왜 우리가 그리스 신화를 매력적이라고 생각하는지를 이해할 수가 없어요. 그곳은 우리와 완전히 다른 사회잖아요. 그리고 마르크스는 — 이것은 아주 잘 알려진 대목인데 — '그렇다면 제우스의 뇌석이 우리의 총, 우리의 증기 기관, 우리의 전기와 다른 점은 결국 무엇인가?'라고 물었어요. 제 생각에 그는 이 중요한 물음에 대해 잘못된 답을 내놓았어요. 인간의 내적 의식이 사회적 조건의 생산물이라면 왜 그리스 비극이 이렇게 영향력이 강한지를 이해할 수가 없기 때문이지요. 이것은 중요한 물음입니다. 그리고 그는 인간이 어릴 시절에는 항상 감상적이며 그리스의 세계는 인류의 어린 시절이기 때문이라고 답했어요. 미약한 답변이지요. 그건 금방 알아차릴 수 있어요. 그 자신 역시 그것이 미약하다는 것을 알았음이 틀림없고요. 그래서 그 질문을 던진 거지요. 저는 우리가 그리스 비극에서 정말로 무언가 보편적인 것을 볼 수밖에 없다고 생각합니다. 말하자면 그것이 쓰여진 역사적 맥락에 사람들이 존재한다는 사실을 넘어서는 어떤 것 말이지요. 우리는 아테네의 시민이 아니에요. 우리는 아테네의 시민처럼 생각하지 않아요. 우리는 단지 그리스 문화의 엄격한 개별성 속에 그것의 내재적 예외가 존재하기 때문에 안티고네나 오이디푸스 왕으로부터 감동을 받아요. 그러니까 이 내재적 예외, 이 내재적 예외의 가능성은 아주 일반적으로 창조물이라고 불리우지요. 덧붙이자면 이 내재적 예외는 그리스적인 것의 적지 않은 부분이 우리에게 더 이상 진정으로 감동을 줄 수 없게 만들기도 합니다. 다른 것들이 그들이 존재하는 세계 내부의 사건으로서 이미 자신의 시대 건너편으로 밀려나 있기 때문에 우리를 감동시키는 데 반해서 말이지요. 그러니까 당신의 질문으로 돌아가자면, 주체의 잠재성은 정확히 다음과 같아요. 그것은 내재적 예외에 참여하는, 그리고 그 결과로 인해 더 이상 단순하게 그들의 구체적 조건, 가족, 배경, 교육의 부산물이 아닌 개인을 위한 가능성으로서의 내재적 예외예요. 이 모든 것이 내재적 예외지요. 어떤 의미에서 내재적 예외는 진정으로 이 모든 것이지만, 그것은 또한 이 모든 것으로부터 나와서 조금 다른 어떤 프로세스로 들어가기 위한 가능성을 갖고 있는 것이기도 해요. 이미 제시된 바 있고 정치의 영역에서 나온 아주 단순한 예를 들어 볼게요. 모두가 알다시피 아랍 국가에서 항쟁이 일어났을 때 그곳에 함께했지만 그들 자신이 그러한 능력을 갖고 있는지 알 수 없었던 사람들이 있었어요. 태연하게 자신의 공간에 앉아 있던 카이로의 소상인이 갑자기 역사 속에서 행동하는 사람이 된 거지요.

페터 엥겔만: 그래요. 이전에는 상상하기 힘든 일이었지요.

알랭 바디우: 그럼요. 그건 예기치 않게 찾아온 거예요. 우리는 이집트의 상황을 현실에서 예언할 수는 없지만 조금 더 정확하게 분석할 수는 있습니다. 그 일은 정말로 일어났지만 그것이 곧 그 일이 일어나야만 했다는 것을 의미하지는 않아요. 그러나 지금은 모든 세상이 그 일에 대해 알지요. 그러니까 내재적 예외 속에서는 어떤 시작의 표상이라는 것이 있어요. 여기에서는 단지 이집트의 사회나 또는 제가 예술을 통해 예를 들었던 것처럼 그리스 사회가 초점이 아니에요. 그보다는 이집트 혹은 그리스 사회의 내부에서 시작되는 무언가지요. 아마도 이 시작은 지속적인 어떤 것을 가져오지 않을지도 몰라요. 하지만 그것은 단지 과거의 사건이 아닌 순수한 현재입니다. 말하자면 과거로부터 추론되지 않은 아주 근본적인 시작인 것이지요.

페터 엥겔만: 사회 속에서의 이런 시작과 창조적인 주체 사이에 어떤 유사성이 있나요?

알랭 바디우: 둘은 같은 것이에요. 일단 시작이 있는데 이것은 어떤 사건과도 같은 것이고요. 그리고 주체는 스스로 이 사건, 즉 시작 속으로 포섭됩니다. 주체는 시작으로부터 엄습당하지요. 주체는 자신의 사회적 조건 속에 머무르는 대신 사건에 참여하고 사건으로부터 요구를 받아요. 그럼으로써 무언가가 시작되는 것처럼 말이지요. 이런 유형의 운동에 참여하고 있는 누군가에게 묻는다면 자신에게 무언가가 시작되었다고 즉각적으로 대답할 거예요. 사람들은 항상 "나는 한 번도 내가 이걸 끝낼 수 있다고 생각하지 않았어!"라고 말합니다. 거기서 새로운 세계가 시작되는 거지요. 근본적으로 모든 보편적인 커다란 일은 스스로의 방식으로 하나의 시작이에요. 그렇기 때문에 그것으로부터 시작을 만들어 낼 수 있는 것이고요. 오이디푸스 왕과 안티고네에 감동 받기 위해서 그리스 사회 전반을 알거나 그리스 사회에 살거나 그리스의 신을 믿어야만 하는 것은 아니에요. 감동을 받는 이유는 그 속에서 새로운 생각이나 새로운 비전이 시작되는 흔적을 찾을 수 있기 때문이지요. 예술의 경우에서는 새로운 형식이 되겠고요. 따라서 주체는 항상 동인이에요. 개인에게 그의 익숙한 존재 방식의 예외가 시작되도록 하는 동인 말이지요.

페터 엥겔만:  상당히 좋군요. 아주 긍정적이고 희망적이에요.

알랭 바디우:  하지만 저는 진정한 경험이라는 것이 있다는 사
실을 주장하고 싶어요. 저는 1968년 5월과 그 뒤에 온 일들
속에서 정치적으로 그런 경험을 했습니다. 사람들은 감동과
흥분을 주는 예술 작품을 발견했을 때 항상 그런 경험을 해
요. 소설을 읽을 때도 사로잡히고 엄습당하지요. 사람들은 그
세계의 내부에 존재하게 되는 거예요.

페터 엥겔만:  우리 모두는 그런 경험을 하지요.

알랭 바디우:  모두가 그런 경험을 해요. 사랑에 빠졌을 때도 똑
같은 일이 일어나지요. 여기에는 혹 길지 않은 시간일지라도
— 그러나 어쨌든 사람들은 사물의 익숙한 질서의 생생한 예
외 속에 있는 것이지요 — 자신이 존재의 구체적인 조건으
로 소급될 수 없는 어떤 사람이 되는 순간이 있어요. 왜냐하
면 예외의 실재와 마주쳤기 때문입니다. 그리고 그로부터 무
언가를 시작한 거지요. 사람들은 예술 작품의 주체, 정치적
봉기의 주체 등, 주체가 됨에 대해 이야기해요. 제가 자주 하
는 경험은 아주 급작스럽게 수학적 증명을 이해하게 되었을
때와 관련이 있습니다. 그것은 사람들을 놀라게 하지요. 왜냐
하면 수학은 주눅이 들게 하는 것이니까요. 저는 수학적인 일
을 해요. 저는 그것을 잘 알고 아주 복잡하다는 것도 알지요.

아무리 애를 써도 이해하지 못하다가 어느 순간 갑자기 이해를 한다는 건 정말 해가 번쩍 뜨는 것과 같은 일이지요. 이것은 진정 보편적인 것에서 충격을 받는 순간의 완벽한 경험인 겁니다. 그전에는 자신만의, 특수한 틀 속에 있다가 주체적 변형이라는 것을 경험하게 되는데, 그것은 모든 것이 확실해지고 모든 것이 투명해지는 어떤 요소 속에 자신이 존재하는 효과를 낳아요. 이것은 작업, 인내, 시도를 통해 이루어지고요. 여기서 일어난 일은 진정으로 보편적인 것이에요. 증명을 발견한 수학자는 스스로 이 보편성 속으로 들어가니까요. 주체도 마찬가지예요.

페터 엥겔만: 아주 잘 알겠어요. 저는 철학에 대해서 같은 것을 말하고 싶어요. 젊었을 때 저는 헤겔에 매료당했어요. 처음에는 그의 전체 사상의 체계에 대해서 이해하지 못했지요. 특히 첫 부분을……

알랭 바디우: 그것은 맨 끝에 있지요!

페터 엥겔만: 저는 그 체계를 오랫동안 이해하지 못했어요. 하지만 몇 년이 지난 뒤 모든 것이 분명해졌지요. 저는 헤겔을 마치 신문을 읽듯이 읽게 되었습니다. 무슨 일인가가 일어난 거지요. 그건 행위가 아니라 사건이었어요. 저는 제가 갑자기 이해를 할 수 있다는 사실에 놀랐습니다.

알랭 바디우: 바로 그거예요. 그 가능성 ─ 당신이 잠재성에 대해서 얘기를 했으니까 하는 말인데 ─ 을 전제로 해야 해요. 정확히 그것이 진보를 만들어 내거든요. 진보한다는 것은 모든 개인이 다양한 형태로 존재하는 것에 참여할 수 있는 능력을 전제로 합니다. 사랑에 빠지는 것, 학문, 예술, 정치는 그것들의 다양한 형태예요. 그것들은 서로 다른 조건들을 갖고 있지요.

페터 엥겔만: '참여하다'라고 말할 때 당신은 전적으로 창조의 입장에 있나요, 아니면 창조와 수용을 같은 선상에 놓고 있나요?

알랭 바디우: 진정으로 수용에 참여한다는 것은 실제로는 새로운 것이 창조되는 시작을 경험하는 것을 말합니다. 이것은 정확히 우리가 이제까지 말한 거예요. 증명을 이해했다면 그것을 완성한 거지요. 《정신현상학》을 정말로 이해했다면 마치 자신이 그것을 쓴 것과 같을 거예요.

페터 엥겔만: 그건 굉장히 멋진 상상인데요.

알랭 바디우: 그림을 볼 때, 그 그림이 갑자기 매혹적으로 느껴지고 뭔가가 분명해지기 때문에 그 앞에 계속 서 있는 것과도 같은 거예요. 화가는 우리에게 말하고, 옆에 서 있고, 우리

는 그와 무언가 공통된 것을 시작하지요. 의심할 여지 없이 창조물은 수용보다 더 집약적이고 고유한 무언가를 갖고 있기도 합니다. 그러나 저는 창조물과 수용을 완전히 하나의 선상에 놓아야 한다고 봐요. 보편적인 것을 수용하는 경험은 그것을 통해 주체가 보편적인 것으로 들어가는 경험이라는 것을 이해해야 합니다. 수학적 증명의 예는 전형적인 것이에요. 그러나 그와는 달리《정신현상학》도 있고, 그림도 있고, 시도 있고, 또 다른 것들이 있지요. 그리고 그렇기 때문에 이 가능성은 정말로 모든 개개인에게 열려 있어요. 카이로의 타흐리르 광장에서 학생, 소상인, 수공업자 등등이 모여 있었던 것처럼 말이에요. 이 사람들은 그 순간에 그들의 평등에 대해 깊이 느꼈어요. 어떤 의미에서의 평등이냐구요? 새로운 탄생이라는 사실이지요. 그들은 모두 함께 뭔가 새로운 것에서 태어났습니다. 그들은 그것이 무엇인지를 정확히 몰랐지만 이것은 다른 문제지요. 결과에 관한 문제예요. 이러한 차례가 되는 순간 주체는 그로부터 뭔가를 만들어 내요. 결과가 있게 되지요. 예를 들어 당신이 헤겔을 이해하고 난 뒤 결과가 있었어요. 그 결과에는 의심을 시작한다는 것도 포함됩니다.

페터 엥겔만: 저는 단지 새로운 시작의 순간에 대해서 말하는 것일 뿐인데요.

알랭 바디우: 헤겔은 다른 것들로 이어져요. 헤겔은 당신의 정

신 속에 있고 당신은 그와 함께하게 되고 아마도 어떤 순간에는 그에게 대항할 거예요. 하지만 대항하든 함께하든 결국에는 마찬가지예요.

페터 엥겔만: 그러나 예를 들어 나치와 같이 보편적으로 부정적인 것에 참여하는 순간에는 어떤 일이 일어나나요?

알랭 바디우: 나치 이데올로기에는 무언가 객관적인 반反보편이 있다는 것을 알아야 해요. 이것은 어쨌든 근본적인 것이지요. 나치즘은 독일 개별성 그 자체의 요구였어요.

페터 엥겔만: 그건 저도 그렇게 생각해요. 하지만 저는 그곳에 있었던 감상과 도취에 대해 생각한 거예요.

알랭 바디우: 그래요, 하지만 주의해야 합니다. 제 생각에 그 공동체적 참여의 도취와 감상은 충분치 않아요. 왜냐하면 참여하는 사람들이 보기에 그들이 참여한 어떤 것의 표상은 진정으로 보편적인 요구를 가져야 하기 때문이지요. 그 표상의 내용은 아주 중요해요. 그것은 명확하게 보편적인 요구를 갖는 참여여야 합니다. 증명을 이해한다면 그 증명이 모든 사람을 위해 존재한다는 것을 알아요. 그 증명을 이해할 수 있는 이유는 그것이 모든 사람들이 이해할 수 있는 것이기 때문입니다. 이와 반대로 '유대인에게 죽음을!'이라고 외치기 위해 무

였다면 그것은 그런 것이 아니지요. 이것은 반대로 부정적인 것, 우선시되는 것을 가져요. 이것은 우리가 아직까지 이야기하지 않았던 어떤 요소예요. 제가 말하고 싶은 것은, 주체는 긍정하는 힘이라는 겁니다.

페터 엥겔만: 제 생각에 이러한 차원을 부연해야 할 것 같아요. 그렇지 않으면 혼란으로 이어지니까요.

알랭 바디우: 바로 우리가 열광에 대해 이야기하고 있기 때문에 이런 차원을 부연해야 하는 거예요. 열광은 주체를 특정 짓기에 충분치 않아요. 열광은 하나의 예지요. 여기서 중요한 것은 이런 형태의 보편적인 빛 속으로 돌진해 들어오는 것입니다. 사람들은 이것이 무엇인지에 대해 마음 깊은 곳으로부터 잘 알고 있어요. 다른 누군가가 증명을 이해한다면 그는 당신과 같은 것을 이해한 것이에요. 이것은 아주 중요해요. 그리고 누군가 횔덜린을 읽는다면 그는 당신과 똑같은 해석을 하진 않을 거예요. 그러나 횔덜린의 위대함은 결국 그에게나 당신에게나 똑같이 효력을 발휘하지요. 마찬가지의 것이 정치적인 시위에도 있어요. 항상 현재 진행 중인 어떤 형태의 공동체적 생각 때문이지요. 정치적 시위는 사람들을 개별적인 조건으로부터 떼어 내요. 그것은 사람들과 보편적인 개방의 공간에서 만납니다. 그리고 사람들이 지향하는 가치는 그것이 보편적인 공감을 유발하게 된다는 것을 그들이 잘 아는,

그런 가치들이에요. 이렇게 아랍 민중의 항쟁에서는 전 세계가 긍정적으로 보는 어떤 일이 일어났어요. 개별성을 강화하는 나치즘이 내재적 예외가 아니라 반대로 정체성을 향한 광신적인 의지였던 반면에요. 그러니까 당신의 이의 제기는 옳아요. 우리는 개별성을 향한 열광과 개별성의 내재적 예외를 향한 열광을 혼동하면 안 되는 거예요.

페터 엥겔만:  그래요. 그 차이를 제대로 알아야겠네요.

알랭 바디우:  그건 아주 근본적인 것입니다. 저는 심지어 이런 관점에서 민중이 많이 모이는 것 그 자체로는 사건의 망상이라는 점, 잘못된 사건이라는 점을 설명할 수도 있다고 생각해요. 그것은 조작의 실제 요소입니다. 저는 이 점을 저의 《윤리학》에서 아주 폭넓게 다루었어요. 거기서 저는 무엇이 잘못된 사건인지 정확하게 정의하고 있어요. 그것은 사건인 것처럼 보이고 사람들을 열광하도록 하지만 개별성의 예외 대신에 개별성의 강조 속에서 그렇게 하는 것이지요. 분명히 파시즘은 아주 드러내 놓고 그렇게 했어요. 그들은 개별성이라는 범주를 기본 범주로 삼았기 때문이지요.

페터 엥겔만:  동독에서의 제 청년 시절에는 매년 5월 1일, 이 잘못된 열광이 반복되었어요.

알랭 바디우: 그래서는 안 되었지요. 공산주의는 일반적으로 개별성을 강조하는 것이 아니거든요. 그와 반대로 파시즘은 분명하게 개별성을 강조해요. 공산주의는 자신의 원칙을 따르자면 절대 개별성을 강조해서는 안 됩니다. 그것은 개별성의 끝이고 국제주의지 개별주의가 아니에요.

페터 엥겔만: 저는 조작의 희생자였기에 거기에 참여했어요.

알랭 바디우: 동의해요. 그러나 조작은 다른 영역에서 일어납니다.

페터 엥겔만: 그것은 열광하던 사람들이 실제로는 소시민이었기 때문에 조작이었던 겁니다. 그들은 그들의 권력과 그들의 이해를 위해 일했지요. 그러니까 개별성을 위해서 말이에요.

알랭 바디우: 예. 맞아요. 저는 그것이 조작이 아니라고 말하고 싶은 것은 아니에요. 그 조작은 다른 영역에 있었던 겁니다. 왜냐하면 명확한 담론의 영역이 국가주의적인 것이 아니라 국제주의적이었기 때문이지요. 그것은 개별적인 계급을 위한 것이 아니라 계급의 끝을 위한 것이에요. 외적인 담론은 보편적이었고 히틀러의 담론은 전혀 그런 경우가 아니었지요.

페터 엥겔만: 담론이 결정적인 건가요?

알랭 바디우:  아니요. 저는 담론이 결정적이라고 하는 것이 아니에요. 저는 그것이 같은 담론이 아니었다는 점을 주시해야 한다고 하는 것입니다. 공산주의와 파시즘의 유사성은 허위의 유사성이에요. 그들은 전혀 비슷하지 않습니다.

페터 엥겔만:  하지만 담론의 영역에서는 파시즘과 공산주의간에 유사성이 있지요.

알랭 바디우:  담론의 영역에서만이 아니에요. 담론의 영역은 일어난 일과 절대 분리될 수 없어요. 담론과 마찰이 있는 영역은 항상 존재하지요. 제 생각에 이것은 완전한 실패에 관한 일이고 저는 사회주의 국가들을 재생시킬 계획이 없습니다. 그것은 제 계획이 전혀 아니에요. 그러나 결국 사람들은 세계 공산주의를 찬미했던 사회주의 국가들이 모든 다른 것들을 뒤로 하고 독일 인종의 우월을 찬미했던 사람들과 같지 않다는 점을 보게 될 거예요.

페터 엥겔만:  당신에게는 사회주의 국가를 재생시키는 것이 중요한 문제가 아니군요. 그럼에도 불구하고 우리 둘은 제2차 세계대전 이후 러시아에서, 그리고 동유럽 국가에서도 마찬가지로 고문이 실행되고 사람들이 살해당하고 실종되었다는 것을 알아요. 그건 일상적인 일이었지요.

알랭 바디우: 그것은 실제로 보편적인 것의 이름하에 일어났지요.

페터 엥겔만: 어떻게 보편적인 것의 이름하에 일어날 수 있었을까요? 보편적인 것의 '탈선'이 있었던 걸까요?

알랭 바디우: 그건 순수하게 개별적인 것이 된 보편적인 것에 관한 거예요. 그게 문제지요.

페터 엥겔만: 하지만 이 보편적인 것은 개별적인 것이라고 불리지 않았어요. 보편적인 것이라고 불렸지요.

알랭 바디우: 그렇지요. 하지만 어떤 일이 진행되었는지 보아야만 해요. 처음에 사람들은 보편적인 것이 계급에 의해서 대의된다고 했어요. 프롤레타리아 계급에 의해서요.

페터 엥겔만: 더는 그렇지 않지요.

알랭 바디우: 맞아요. 왜냐하면 마르크스가 프롤레타리아 계급이 보편적인 것이라고 했을 때 그는 존재론적 방식에서의 아주 정확한 근거에 따라 그렇게 말한 거예요. 말하자면 프롤레타리아 계급이 어떤 개별적인 속성도 갖고 있지 않은, 무無이기 때문이지요. 이것은 따라서 부정의 보편성에 관한 문제입

니다. 그러나 스탈린의 전통에서 '프롤레타리아 계급'은 더이상 부정성이 아니라 대의적인 본질이 되어 버렸어요. 프롤레타리아 계급은 보편적인 것을 대의해야 하고 당은 프롤레타리아 계급을 대의해야 하고요. 따라서 당은 이미 어떤 대의의 대의인 거예요. 그리고 마지막으로는 스탈린이 당을 대의하지요. 보편적인 것으로부터 시작했지만 점차적으로 대의가 낳은 결과를 통해서 거꾸로 뒤집힌 겁니다. 결국에는 개인이 보편적인 것의 운동을 대의하는 데로까지 나아갔지요. 그것은 불가피하게 기괴한 병적 상태로 이어졌어요. 왜냐하면 상황을 완벽하게 억압했기 때문이지요. 한 개인이 보편적인 것을 대의한다면 그는 절대 내재적 예외 속에 존재하지 않아요. 그리고 이 지점에서 불현듯 등장하는 근본적인 물음은 대의라는 범주에 관한 것이에요. 제 관점에서 보면 이것은 철학적으로 유럽에서 사회 민주주의 정당이 탄생한 것과 함께하는 19세기 후반 이후의 커다란 전환입니다. 마르크스는 이런 생각을 갖고 있지 않았어요. 당은 마르크스의 생각이 아니라 이후에 등장했던 것인데 이 생각이 대의라는 개념을 정치적 활동의 중심부에 위치시켰지요. 이 대의라는 개념은 다양한 견지에서 내재적 예외에 반대되는 것이에요. 왜냐하면 내재적 예외는 존재하는 어떤 것 속에서 붕괴를 일으키니까요. 그것이 존재하는 것의 어떤 요소 노릇을 하지 않고 다른 모든 것을 대의한다는 것은 있을 수 없는 일이에요. 원인은 진정으로 대의라는 관념에 있어요. 이것은 어떤 의미에서 보면 의회 민주주의와 초기 사회주의 정당 간의 공통점이기도 하지요. 독일의 사민당은 당의 모델이 됨과 동시에 독일 의회주의의 기둥이기도 했어요. 보편적인 민주주의라는 완벽한 조작적 관념이 만들어 낸 대의라는 개념은 레닌주의와 스탈린주의적 당 구조에서 절정에 달했습니다. 그곳에서는 정말로 보편적인 것이 대의되었지요. 이것은 이제 내재적 예외의 운동 속에 있는, 주체적 행동 속에 있는 보편적인 것에 관한 문제가 아니에요. 이것은 당이라는 형태 속에서 보편적인 것을 안정적으로 대의하는 문제지요. 이 보편적인 것의 대의자는 당이고요.

페터 엥겔만: 붕괴는 그러니까 아주 일찍 시작된 거네요?

알랭 바디우: 제 생각으로는 1889~90년도에 시작되었어요. 마르크스의 《공산당 선언》에서 제가 지속적으로 되새기는 단락이 있어요. 거기서 마르크스는 공산주의자가 일반적인 노동 운동과 분리된 것이 아니라는 확고한 생각을 드러내지요. 그는 이를 설명하기 위해 두 가지 범주를 제시했어요. 첫 번째로 그들은 운동의 개별적 단계가 아니라 운동 전체에 관심을 둡니다. 이것이 뜻하는 바는 그들이 이미 보편적인 것의 요구에 맞춰져 있다는 점이에요. 그리고 두 번째로는 그들이 국제주의자라는 것이지요. 결국 마르크스가 공산주의자라고 부르는 것은 단순히 전체 운동 속에 있는 하나의 구상이에요.

이 구상은 운동과 인터내셔널의 일반성에 참여하는 상황 속에서 보편적인 것에 투영되지요. 이는 두 가지의 보편적 범주예요. 1889~90년부터 독일의 사민당은 일반적인 모델이 되었습니다. 그것은 그 밖에도 레닌을 위한 모델이 되기도 했지요. 레닌은 ― 여기에서는 완전히 다른 영역에 발을 들여놓게 되는데 ― 당을 프롤레타리아 계급의 적극적 대의자로서 신성화했어요. 이 당의 신성화는 상당히 일찍 시작되었고 이는 스탈린이 만들어 낸 것이 아니에요. 스탈린은 그것의 유산이지요. 그는 그것의 폭력적인 유산이에요. 왜냐하면 스탈린과 다른 것들과의 차이가 스탈린은 권력을, 절대적인 권력을 갖고 있다는 점이었으니까요. 스탈린에게는 철두철미하게 중심화된 대의만 존재하는 것이 아닙니다. 이 대의는 거의 절대적인 권력으로 무장되어 있기까지 해요. 그러니까 거기에서는 공산주의의 근원적인 보편성이 변증법적으로 그것의 역이 된 것이지요. 그리고 이를 완성하는 것은 대의라는 생각이에요. 저는 이것을 확신합니다.

페터 엥겔만: 정말 흥미롭군요. 사민당을 보편주의의 붕괴로 본다는 것 말이지요.

알랭 바디우: 사민당의 등장은 이미 그 자체로 역사적 현상이에요. 물론 마르크스의 인터내셔널에 이미 어떤 식의 결핍이 있다고 볼 수 있지만 그렇게까지 멀리 갈 필요는 없어요. 마

르크스의 인터내셔널은 사회 민주주의 정당의 모델에 따라서 구성된 것이 전혀 아니에요. 그것은 다양한 세계적 노동운동 안에서 근본적으로 이데올로기적인 조직을 만들려는 시도였어요. 양쪽의 특성을 다 가졌지요. 스탈린의 공산주의는 하나의 나라에서 있었던 공산주의라는 것을, 따라서 국제주의는 대의 아래로 추락했다는 것을 잊으면 안 됩니다. 사회주의의 조국이라는 개념이 무얼 뜻하나요? 정당이 프롤레타리아 계급을 대의하는 것과 마찬가지로 스탈린이 정당을, 그리고 소비에트 연방이 결국 국가로서 국제주의를 대의하는 거지요. 그 밖에도 소비에트의 관심이 실제로는 다른 모든 것들에 대한 지배였다는 사실을 모두가 잘 압니다. 그리고 거기에도 대의의 관념이 존재하지요. 사회주의의 조국은 사회주의가 어디에선가 대의되고 있다는 관념이에요. 국제주의적 관념과는 현저히 모순되지요.

페터 엥겔만: 당신의 논증을 이해는 하지만 실제로는 한 가지로 요약될 수 있는 두 가지 의문점이 있어요. 이미 엥겔스에서 시작되었던 거지만, 왜 조직 속에 자리 잡은 정치로의 이행이 실현되었을까요? 그리고 이 정치가 보편적인 관점을 가졌다면 왜 대의라는 덫에 걸린 걸까요? 문제 제기의 다른 면은 이 보편적인 관념의 정치적 표현이 필연적으로 대의는 아니었을까 하는 점, 또는 그것을 피해 갈 수는 있었을까 하는 점이에요.

알랭 바디우: 제 생각에 그건 항상 그런 거예요. 주체화는 완벽히 순수할 수가 없어요. 우리 모두는 어떤 현상도 순수한 현상이 아님을 알아요. 우리가 부정적인 의미에서의 플라톤주의자가 아니기 때문이지요. 순수한 관념과 순수하지 않은 세계가 있는 것이 아니에요. 정치에 슬쩍 끼어드는 대의의 형태는 항상 존재해요. 보편성이 내재적 예외라 할지라도 개별성은 항상 활동 중에 있어요. 보편성은 개별성으로부터 나온 것이거든요. 제가 횔덜린의 시를 읽을 때 어떤 식의 예술적 보편성에 참여하지만 그럼에도 불구하고 저의 어린 시절, 그리움과 같은 것들이 개입돼요. 정치는 그러니까 이미 존재하는 집단성 속에서 작업을 하고 우리는 대의의 완전한 소멸보다는 대의와의 지속적인 싸움에 대해서 이야기해야 합니다. 대의의 완전한 소멸은 국가의 소멸이 될 거예요. 이것은 전략적인 노선이지, 대의와의 싸움이 대의가 사안의 핵심이라는 확신과 양립할 수는 없어요. 대의와 싸우는 동시에 정당이 프롤레타리아 계급을 대의하고 스탈린이 정당을 대의한다고 말할 수는 없지요.

대의와의 싸움은 그러니까 19세기 후반부터 수립된, 대의를 완전히 공개적으로 대표하는 이론과 양립할 수 없어요. 프롤레타리아 계급의 정당이라는 개념은 마르크스에게서 나온 것이 절대 아닙니다. 그러나 19세기 후반부터 그것은 지배적이고 단단히 뿌리를 내린 개념이 되었지요. 제 생각에 이것은 보편성의 프로세스가 국가로 밀려든 것과 관련이 있어요. 왜

나하면 사회 민주주의 정당은 선거를 시행하고 국민 회의에서 하나의 집단을 만드는 등의 일을 시작한 정당이기 때문이지요. 이 모든 것은 따라서 현대 의회주의의 등장 및 대의에 대한 일반적 이론과 연관되어 있어요. 그러나 제 생각에 주요한 계기는 파리 코뮌의 패배예요. 이것은 모든 형태의 혁명적 자발성에 부정적 성과를 가져왔지요. 학살은 끔찍했고 패배는 잔혹했으며, 더 잘 조직화하고 원칙화했어야 했다는 반성이 일었어요. 그것은 점차적으로 지배적인 관념이 되었습니다. 그리고 패배가 그것 자체보다 그 결과에서 더욱 극적이라는 점은 정치적 역사에서 기본적인 현상이에요. 파리 코뮌의 패배는 군사적 혁명가들이 점차로 구조화된 정당과 대의가 필요하다는 생각에 찬동하는 효과를 가져왔어요.

페터 엥겔만: 군사적 혁명가는 구조화된 정당과 대의를 필요로 한다는 개념의 역이 성립하나요?

알랭 바디우: 물론 그렇지요. 지금에 와서야 우리는 파리 코뮌의 실패로부터 나온 교훈의 결과를 알아요. 이 실패는 레닌이 발전시켰던 원칙의 기원이 되었습니다. 이것은 오직 강하고 대의적이고 규율적인 정당의 도움에 의해서만 승리할 수 있다는 생각을 포함하지요. 1917년의 혁명은 파리 코뮌에 대한 세계적 수준에서의 복수로 보아야 해요. 파리 코뮌은 잔혹하게 파괴되었고 1917년의 혁명은 성공적이었지요. 바로 그 때

문에 당신이나 저에게까지 이르는, 그것에 찬성하는 많은 사람들이 있다는 것을 인정해야 해요. 왜냐고요? 스탈린이 있었다는 것도, 대의가 있었다는 것도 알지만 사람들은 이 혁명의 성공, 그리고 완벽하고 선례 없는 역사적 현상의 반향 속에 존재했거든요. 이런 일은 1789년 이래로 일어나지 않았어요. 이것은 두 번째의 성공적 혁명이었고 첫 번째의 것처럼 두 번째도 전 세계적으로 거대한 영향을 끼쳤습니다. 그러나 그 뒤안에는 파리 코뮌의 패배가 있어요. 파리 코뮌은 많은 긍정적인 것들의 담지자이지만 패배에 의해서 완전히 묻혀져 버렸지요. 파리 코뮌은 그다지 폭력적이지 않았고 근본적인 의미에서 훨씬 민주주의적이었어요. 그것은 대의라는 관념에 별로 기대지 않았기 때문이었고요. 파리 코뮌은 차이점에도 불구하고 함께했던 다양한 이념적 경향을 결합시켰어요. 안타깝게도 패배에 의해 이 생각들은 분쇄되었지요. 그리고 동시에 20세기 전반에 걸쳐 지배적이었던 군사적 모델이었기 때문에 군사적 공산주의라고 부를 수 있는 어떤 것이 등장했습니다. 이것은 제 친구들 사이에서 부르는 바에 따르면 '병영 사회주의'의 군사적 모델이었어요. 이 모델은 일단 봉기에서 승리자가 되는 것으로 정당화되고 여기에 엄격한 원칙과 희생자 등등 ─ 아주 잘못된 일은 아닌 ─ 을 또 필요로 해요. 그러나 결과적으로는 사회 전체에 각인이 되는 것이지요. 근본적으로 스탈린은 군사적인 사회주의를 국가 전체의 척도로 수립했습니다 폭력과 감옥과 고문을 수단으로 삼아서 말이지요. 그리고 누군가 문제가 되면 살해한다는 개념을 통해서요. 아주 단순해요. 내전에서도 익숙한 것이지요. 누군가 다른 사람에게 반대한다면 그는 누군가를 죽여요. 그리고 이 군사적 사회주의는, 제가 이렇게 말해도 된다면, 1871년 이후 아주 빠른 시기에 이미 자신의 대의적 뿌리를 갖고 있었습니다. 그것은 19세기 후반 전체를 규정하고 있고, 레닌과 스탈린은 어느 정도 이 서구적 발명의 러시아 버전이에요. 다른 누구보다 트로츠키와 논쟁을 펼쳤던 레닌에게 있어서 거대한 정당이자 모범은 독일 사민당이었다는 것을 잊으면 안돼요.

페터 엥겔만: 거기서 발단을 만든다는 것은 뭔가 새롭네요.

알랭 바디우: 뿐만 아니라 이 문제는 상당히 빨리 드러났어요. 《고타 강령 비판》 같은 문서를 보세요. 마르크스와 엥겔스는 독일 사회 민주주의와 결합했지만 동시에 일이 그렇게는 진행되지 않는다는 것을 알고 있었어요.

페터 엥겔만: 그로부터 어떤 교훈을 얻을 수 있을까요?

알랭 바디우: 제 생각에 길게 보면 정치적 경험은 탈중심화하고 탈원칙화하고 어떤 의미에서는 비폭력적, 어쨌든 가능한 한 적게 폭력적이어야 해요. 그러나 제3차 인터내셔널 시기

의 시대정신이 그와 반대된다는 것 또한 알아야 하지요. 심지어 젊은이들에게서도 말이에요. 그것은 소비에트 연방에서 뿐만이 아니었어요. 저도 어떤 특정한 순간에는 그렇게 생각했던 적이 있습니다. 폭력이 종국에는 혹시 창조물인 것이 아닐까. 폭력은 엥겔스가 말했듯이 역사의 산파가 아닐까. 제 생각에 오늘날에는 폭력에 고삐를 채워야 해요. 가능한 한 적은 폭력을 허용해야 하고 가능하다면 전혀 사용하지 않아야 해요. 원칙은 있어도 되지요. 그러나 주체적인 원칙만이 가능해요. 어떤 운동 속에 있을 때 강요된 원칙, 병영의 원칙, 의무적인 복종을 기본으로 하는 위계적인 원칙, 군사적인 원칙은 안 됩니다. 저는 오늘날 정치의 커다란 과제가 비군사적인 원칙을 만들어 내는 것이라고 자주 말해요. 왜냐하면 사람들은 원칙을 필요로 하거든요. 민중은 결국 원칙에 다름없어요. 다른 이들은 돈을 갖고 있고, 무기를 갖고 있고, 국가 기구를 갖고 있지요. 파업을 한다면 — 아주 단순한 예를 들어 봅시다 — 어떤 공장에서 파업을 한다면 그것은 원칙이 있기 때문에 가능한 거예요. 왜냐하면 모두가 파업을 하는 데 동의했기 때문이지요. 그런 경우가 아니라면 가능하지 않다는 것을 사람들은 정확히 알아요. 그러니까 사람들에게는 원칙이 필요합니다. 그러나 파업을 하지 않는 사람들에게 폭력을 행사해야 할까요? 그것이 제3차 인터내셔널의 정신이었어요. 파업을 하지 않는 놈은 '아가리를 날려버리면' 이해할 것이라는 거지요.

페터 엥겔만: 하지만 오늘날에도 그런 것들을 볼 수 있는데요.

알랭 바디우: 물론이지요. 하지만 저는 그걸 좋게 보지 않아요. 저는 파업의 기조가 올바르다면 사람들과 — 각각의 사람들과 — 토론을 할 수 있어야 하고, 집으로 찾아가서 왜 파업이 더 나은 일인지 말할 수 있어야 한다고 생각해요. 의무, 강요, 폭력의 영역에 있는 모든 것은 인내심 있게 하나하나 뭔가 다른 것으로 대체되어야 해요. 결국 이것은 기본적으로 소크라테스적 방법에 따른 토론이지요. (웃음) 올바르고 진실된 것이라면 설득할 수 있어야 해요. 모든 일이 이 철학적인 핵심 사상으로부터 비롯해야 합니다.

페터 엥겔만: 다른 한쪽이 기동 경찰대를 대동하고 나온다면 어떻게 되는 거지요? 오늘날 남아메리카를 보면 농부들에 대한 폭력이 현실이에요. 수도 없이 많은 예를 들 수 있지요.

알랭 바디우: 사람들은 방어적 폭력의 어떤 유형의 경우에, 그것을 피해갈 수 없다는 규칙을 따를 수 있어요. 그러나 방어적이라는 것 또한, 사람들이 구축하고 결정하고 만들어 낸 무언가를 지키려 하고 있다는 사실의 증명을 전제로 합니다. 저는 파업하는 사람들이 파업 이탈자에 대한 감시 요원을 배치하는 것을 정상이라고 생각해요. 문제는 감시 요원이 있다는 사실이 아니라 그들이 어떻게 행동하는가지요. 거기에 미세

한 차이가 있어요. 그리고 모든 영역에서 대의라는 관념을 제한해야 해요. 수뇌부까지 포함해서요.

페터 엥겔만: 그것이 핵심이군요.

알랭 바디우: 그것이 근본적인 지점이에요. 우리는 모두 지도부가 있어야 한다는 것을 정확히 압니다. 그들은 복잡한 행위 속에서 조직하고 결정하는 일을 하지요. 그러나 저는 비밀스러운 지도와 지도하는 사람들 내에서만 공유되는 것들에는 절대 반대합니다. 그것은 제3차 인터내셔널에서 기본적인 것이기도 했어요. 지도부의 결정은 비밀스러운 회합에서 이루어졌지요. 저는 일반적으로 모든 것이 공개되어야 한다고 생각해요. 적에 관한 것 외에는요. 모든 사안은 공개되고 토론되어야 합니다. 그리고 원칙은 존재해야 하지만 군사적 모델을 따라서는 안 돼요. 이 모든 것을 위해서는 지역 정치 속에서의 경험이 필요하지요. 지금으로서는 여기까지예요. 아직 전 세계적인 거대한 무언가를 만들 수는 없어요. 전 세계적인 차원에서 할 수 있는 단 하나의 것은 공산주의 이념에 대해 토론하는 것입니다. 저는 이를 조직하기 위해 여러 시도를 하고 있어요. 이 이념이 다시 받아들여질 수 있는지, 그래야만 하는지, 마르크스와 20세기에 기반한 어떤 성과를 이 주제로 가져와야 하는지에 대한 토론이지요. 이것이 유용하고 뭔가를 이루어 낸다면 전 세계적인 차원에서 누구와든 토론할 수

있어요. 또한 이와는 대조적으로 제가 생각하는 점은, 지역적 경험이 구체적인 정치적 경험의 영역에서 확장될 틈을 줘야 한다는 것이에요. 그리고 그것을 알아 나가려는 시도를 해야 하지요. 저는 경험을 공유할 수 있는 전 세계적인 공간을 설립하는 것에 대해 생각을 조금 해 봤어요. 그곳은 모두가 해방의 이념을 실천화하는 것에 대한 개인적인 방법, 이 행동을 위해 무엇을 추진했는지, 그리고 어떻게 폭력의 선을 넘지 않았는지를 설명하는 장소예요. 이러한 견지에서 아주 흥미로운 경험에 가치를 부여하는 장소지요. 네팔이나 그 비슷한 곳에서의 긴장 상황들을 포함해서요. 여기에서는 대의 정치가 아닌 정치의 시대로 들어가기 위한 내용을 제시하고 토론하는 것이 중요한 일입니다.

페터 엥겔만: 지역 정치가 경험을 나누는 중심지로 발전할 수 있다고 생각하세요?

알랭 바디우: 사람들이 보편적인 가치를 설명하고 문제 제기를 할 수 있는 장소를 말하는 거지요.

페터 엥겔만: 그건 최근 독일에서, 예를 들면 슈투트가르트에서 새로운 역사驛舍를 짓는 문제에 관한 논쟁을 통해 일어났어요. 그리고 이런 정치적 형태의 중심지는 여러 군데가 있지요.

알랭 바디우: 그래요. 우리도 프랑스에서 비슷한 것을 경험해요. 그리고 아시아 국가에서는 극도로 흥미롭게 일어나는 일이지요. 저는 확신을 갖고 있어요. 제 생각에 이 일은 더 발전할 것이고 우리는 그로부터 새로운 소식을 듣게 될 거예요. 우리는 이미 여기서 우리가 이야기했던 교훈들을 아주 잘 알고 있어요. 모두가 소비에트 연방에서 했던 것을 다시는 만들어 낼 수 없다는 것을 알아요. 그러나 철학으로 돌아가 봅시다. 우리는 내재적 예외라는 개념을 대의라는 개념에 맞대응시켜서, 역사적으로 보면 종종 내재적 예외가 대의에 의해 받아들여지긴 했지만 그들이 실제로는 전혀 같은 종류에 속한 것이 아니라는 점을 보여 줘야 해요. 전형적인 예로는 '프롤레타리아 계급'이라는 개념의 모험을 들 수 있겠지요. 왜냐하면 마르크스에게 '프롤레타리아 계급'은 내재적 예외를 뜻했기 때문이에요. 그들은 사회에서 일하지만 사회로부터 인정받지 못하고 버려졌어요. 그들은 사회 속에서 투명 인간처럼 여겨졌고 어떤 책임도 갖고 있지 않지요. 그들은 스스로가 주체라는 것을 부정한 주체였어요. 그들은 단지 노동력으로 환원되었지요. 그들은 대의되지 못하는 아주 전형적인 어떤 것이었어요. 프롤레타리아 계급의 정당이라는 개념은 완전한 역설이에요. 그리고 이 역설은 아주 길고 끔찍한 역사를 갖고 있지요. 그건 아직도 계속되고 있어요. 이것이 제가 이 문제에 대해 말하고자 하는 바예요.

페터 엥겔만: 그 문제를 통해 우리는 다시 정치로 돌아왔고요.

알랭 바디우: 그래요. 하지만 저는 문학에서 이야기를 시작했지요.

페터 엥겔만: 문학으로, 사랑으로, 가족으로 다시 돌아가 봅시다. 이 내재적 예외를 정치 이외의 다른 영역에서 찾을 수 있을까요? 사랑 속에, 예술적인 창조 속에, 수학 속에 있는 주체가 있을 수 있을까요?

알랭 바디우: 저는 수학에서의 새로운 비전이 어떻게 수학의 현재 상태에 존재하는 내재적 예외를 통해 실현될 수 있는지 잘 볼 수 있다고 생각해요. 천재적인 수학자인 ― 동시에 탁월한 사상가인 ― 프랑스의 갈루아가 있습니다. 그는 군론의 창시자이기도 하지요. 그는 수학에서의 모든 커다란 성과는 선대의 수학자가 인식하지 못하던 것을 통해 실현된다고 말했어요. 초기의 수학자들은 그들이 무언가를 사고한다는 것을 알지 못한 채 그것을 사고했지요. 그들이 이루어 낸 것들 속에서는 그들이 그것을 사고했다는 흔적이 없어요. 왜냐하면 그들은 그것으로부터 결과를 유추해 낼 능력이 없었기 때문이지요. 그들은 그것에 대해 온전하게 의식하지 못하고 그것을 사고했던 거예요. 이것은 내재적 예외를 설명하고 있습니다. 수학적 담론은 완전히 외적이고 이 담론에 사람들이 모

르는 무언가가 있다면 그것은 증상으로, 불완전한 증명으로, 목표를 달성하지 못하는 시도로 나타나요. 거기서 어떻게 갈루아가 군 개념을 발견한 것이 그가 살던 시대의 수학의 상태 — 개별성 — 와 연관되어 있었는지가 드러나지요. 그리고 어떻게 그 발견이 그 상태의 맞은편으로 옮겨져 보이지 않게 되었는지, 요컨대 그가 살던 시대의 수학자들이 밝혀낸 것의 예외였는지가 드러납니다. 이것은 그러니까 지금 논의 중인 주제와 아주 밀접하게 관련 있는 범주이고, 덧붙이자면 대의라는 범주도 마찬가지예요. 왜냐하면 일정 시간 뒤에 이 새로운 발견은 확고한 위치를 차지하고 학설의 대상 — 책들이 쓰여지지요 — 이 되고 동시에 자신의 창조적 능력을 잃어버려요. 그것은 단순한 교재가 되는 거지요.

페터 엥겔만: 같은 것이 대학의 철학에서도 나타나요.

알랭 바디우: 맞아요. 그것은 제가 설명하려고 했던 프로세스예요. 저는 학문에 학문의 상태를 확실하게 규정하려고만 하고 학문이 변화한다는 사실에는 관심이 없는 사람들이 있다는 점을 언급한 적이 있어요. 예술에서 이것은 아카데미즘이고, 정치에서는 대의와 국가입니다. 사랑에서 이것은 가족적인 강제를 통한 사랑의 파괴지요. 이 예외에 위협이 되는 것은, 그러니까 예외가 이미 수립된 질서 속으로 돌아오는 것은, 적어도 다음 네 가지 영역에 의해 아주 정확하게 설명돼

요. 저는 이것들을 네 개의 커다란, 진실이 만들어지는 과정이라고 부릅니다. 말하자면 학문, 정치적으로 새로운 것을 고안하는 일이나 해방의 정치, 예술, 그리고 사랑이지요. 추상적으로는 정치가 집단성의 운명과 관계있다고 말할 수 있어요. 한나 아렌트를 빌려 말하자면 '함께함'이지요. 학문은 지식, 자연, 객관적인 법칙에 해당하고 수학은 사고의, 순수한 존재의 표상이에요. 예술은 제 생각에 형태라는 개념에 해당돼요. 형태가 무엇인가요? 예술은 다양한 영역에서 항상 감각적인 재료의 형태화를 기획합니다. 이것은 감각적인 것과 형태 간의 관계에 대한 것이에요. 예술에서의 내재적 예외는 항상 형태가 없는 것으로 간주되어 왔던 것이 형태로 들어서는 순간이에요. 비구상적 회화가 등장하는 순간에 일어난 일이 전형적인 예이지요. 그전에는 구상만이 형태였어요. 구상을 왜곡하는 것, 비구상은 그 자신의 입장에서는 형태가 되지요. 이것은 일반적인 모형이에요. 예술은 형태와의 관계를 통해 파악되는 것이에요. 사랑은 결국, 제가 그것을 보듯이, 차이의 문제지요. 내재적 예외로서의 차이의 실존적인 문제요.

페터 엥겔만: 가족과 사랑은 어떤 차이가 있습니까?

알랭 바디우: 가족과 사랑의 관계는 국가와 정치의 관계와 같아요. 외적으로나 내적으로나요. 한편으론 국가와 관련을 맺지 않고서는 정치를 할 수가 없어요. 적어도 그것이 존재하

는 한은요. 그러나 정치가 국가적인 권력이라고 생각하지 않을 수도 있어요. 왜냐하면 그건 스탈린주의이기 때문이지요. 가족도 비슷해요. 가족을 생각하지 않고서는 사랑에 대해 생각할 수 없어요. 왜냐하면 여전히 사랑이 제도화되는 것, 사랑의 개별성에 있어서의 필수적인 규칙은 동거, 아이들, 시간 배분, 공동의 삶이기 때문이지요. 그러나 사랑을 가족으로 환원시키지 않을 수도 있어요. 왜냐하면 그러자마자 공리적인 환영에 빠지거든요.

페터 엥겔만: 가족은 사랑의 내재적 예외를 위협하는 대의가 아닌가요?

알랭 바디우: 아주 정확히요. 그러나 이 대의는 부분적으로 불가피하지요. 정치에서 국가가 전형적인 대의의 형식인 것과 똑같습니다. 마찬가지로 예술에서도 어떤 의미에서는 아카데미즘이 불가피하지요. 그럼에도 불구하고 그것은 예술의 적이에요.

페터 엥겔만: 제가 질문하고 싶었던 것이 바로 그것이에요. 모든 분야에서 그건 마찬가지인가요?

알랭 바디우: 학문에서 학문적 아카데미즘은 학문이 더 이상 창조이 대상이 아니라 단지 수업의 대상인 순간이에요. 물론

수업은 분명 불가피한 것이지만요.

페터 엥겔만:  대의가 불가피하다는 것을 안다 하더라도 내재적 예외의 보호를 위한 전략이 있나요?

알랭 바디우:  이것이 커다란 문제예요. 일반적인 문제지요. 제가 조직이라고 부르는 것 말이에요. 현실에서 내재적 예외는 항상 연약해요. '내재적 예외'라는 말 자체만 보더라도 이 개념의 연약함을 알아차릴 수 있지요. 일반적으로 주체화는 내재적 예외를 요구하기 위해 종사할 뿐만 아니라 그것을 보호하고 그것으로부터 창조하고, 그것의 결과물을 수립하기 위해서도 그렇게 합니다. 이것이 내재적 예외의 주변에 항상 뭔가 조직화된 것이 — 대의가 아니라 조직화된 것이 — 존재하는 이유예요. 예술에서는 학파를 예로 들 수 있어요. 초현실주의 학파나 상징주의 학파 같은 것들이요. 팝 아트를 대변하는 사람도 있고요. 이 조직화 현상은 대의가 아니에요.

페터 엥겔만:  하지만 그럼에도 불구하고 이 현상은 대의를 향해 한 발짝 나아가는 것이 아닌가요?

알랭 바디우:  대의를 향해 한 발짝 나아가는 것이긴 하지만 동시에 반대를 향하려는 시도이기도 하지요. 왜냐하면 그것은 내재적 예외를 알려지게 만듦으로써 그것을 보호하는 데 노

력하니까요.

페터 엥겔만: 조직의 핵심은 대의의 핵심과 다르지 않나요?

알랭 바디우: 의견에 대한 권력을, 그리고 그것을 통해 예술가 주위의 세계를 획득하려는 시도는 다르지 않지요. 그것이 지배적인 요소가 되면 처음에 내재적 예외를 보호했던 이 조직은 미래의 새로운 아카데미즘을 관장하게 되는 거고요. 이에 반하는 효과적인 전략은 없습니다. 그럼에도 불구하고 저는 제가 대의와 구분했던 조직이 내재적 예외를 보호하려 하는 것들의 단순히 자유로운 제휴가 될 수 있다고 봐요. 저는 학파가 초창기에 그랬다고 생각해요. 그리고 예술에서 그것은 항상 유용했지요. 그것은 단지 존재했을 뿐만 아니라 아카데미즘에 의해 파괴될 위기에서 무언가를 보존했어요. 그것은 내재적 예외를 알렸고 그것이 보편적이며, 보편적인 것이 그 속에 있고, 단지 지엽적인 색다름이 아니라는 것을 보여 줬어요. 이따금 학파는 10~20년 뒤에 그 생명력을 잃고 대의가 되었습니다.

페터 엥겔만: 하지만 왜 그 모든 것들이 지금까지 항상 대의에서 끝났지요?

알랭 바디우: 그것이 대의가 되자마자 직접적으로 창조적인 시

기는 끝난 거예요. 이것은 일반적인 현상입니다. 여기에서 저는 헤겔주의자예요. 발생하는 모든 것은 몰락하기 마련이라고 헤겔은 말했지요. 이것은 사실이에요. 사물에는 끝이 있어요. 그러나 그것이 누군가가 예외를 다양한 형태로 복귀시키는 것을 막지는 못해요. 예를 들어 제2차 세계대전 이후의 초현실주의 학파는 진짜 아카데미즘이었어요. 뭔가 닫힌 것이었지요. 이것은 초현실주의가 창조적인 단계로서는 끝났음을 뜻해요. 그러나 그렇기 때문에 초현실주의가 좀 덜 보편적인 것은 아니에요. 제가 앙드레 브르통의 《나자》를 읽을 때, 저는 우리가 앞서 얘기했던 것처럼 보편성에 참여하는 거예요. 초현실주의 학파는 다른 한편으로 보편성을 전혀 대의하지 않았어요. 그것은 보편성을 대의 속에서 잃어버렸지요. 어떤 내재적 예외는 그것이 ― 시작의 형상을 갖고 있기 때문에 ― 부활할 수 있다는 것을 통해서, 그것이 오랜 시간 뒤에 대의의 저편에서 다시 소생할 수 있다는 것을 통해서 특징지어져요. 저는 이것을 부활이라고 칭합니다. 덧붙이자면 제가 '공산주의'라는 단어로 돌아가자고 제안할 때 이것은 다시 소생시키려는 시도를 뜻해요. 저는 스탈린주의가 공산주의를 죽였다는 것을 잘 알아요. 하지만 저는 그것이 다시 깨어날 수 있다고 생각해요. 마찬가지로 저는 1950년대 초현실주의 학파가 초현실주의를 죽였다는 것을 알아요. 그럼에도 저는 그것이 다시 한 번 젊은 사람들에 의해 존재하게 되리라는 것을 확신합니다. 그들은 초현실주의를 읽고, 그것을 스스로 필요로 하고, 그들의 시대에 존재할 새로운 초현실주의를 만들게 될 거예요. 같은 것이 그리스 예술에도 있었지요. 그것은 중세 시대에 완전히 잊혔지만 르네상스의 순간에 다시 등장했어요. 이것은 진정한 부활이에요. 그리고 더 매력적인 부활이 수학에 있습니다. 수학은 서구에서 — 아랍은 좀 비켜갑시다. 그곳에서는 문제가 더 복잡해요 — 로마 시대 이후로 사라졌어요. 아르키메데스의 글 같은 것들은 몇 세기 동안 누구도 이해하지 못했고요. 사람들은 그것이 무엇에 관한 것인지 알 수 없었습니다. 단지 도서관에 세워 두기 위해 옮겨 적을 뿐이었어요.

페터 엥겔만: 이해하지 못한 상태로요?

알랭 바디우: 이해하지 못한 상태로요. 그리고 아르키메데스의 글을 열정적으로 재발견하기 위해서는 16세기의 신세대 수학자가 필요했어요. 이것은 부활이지요. 근본적으로 저는 기독교에서 나온 사상을 갖고 있어요. 어떤 것이 진실되다면 그것은 다시 태어나야만 한다는 것 말이에요. 그렇기 때문에 성 바울에 대해서 쓰기도 했고요.

페터 엥겔만: 평범한 것에 대해 이야기해 봅시다. 동유럽 국가의 경제와 관련된 것들, 즉 공유 재산, 국유 재산과 관련해서 말한다면, 당신은 그곳에서 생산을 조직화하는 방법에 대한

생각을 갖고 있나요? 자본주의적 기형을 시정하길 원한다면 재산을 어떻게 조직화할 수 있을까요?

알랭 바디우: 거기에는 이중의 문제가 있어요. 순수하게 이론적으로 봤을 때는 두 가지가 아니라 세 가지의 재산 유형이 있다는 것을 아주 분명하게 알 수 있습니다. 사유 재산, 집단/협동 또는 공유 재산, 그리고 국유 재산이 그것이지요. 두 번째 유형을 위한 표현이 불확실하고 억제되어 있는 이유는 협동조합이 자본주의적 질서에 속해 있기 때문이에요. 그것은 일반적인 자본주의 법칙의 지배하에 있어요. 집단적인 자치에 관한 경험도 있지요. 특히 유고슬라비아의 사회주의에서요. 우리는 이 주제를 다루어야 해요. 저는 이 주제가 재산의 문제에서 자본주의적 규범을 던져 버려야만 한다는 것보다 한층 더 솔직한 면을 갖고 있다고 생각해요. 이것은 가장 어려운 문제예요. 이것은 제 주제이기도 한데, 저는 사회주의 국가가 자본주의 세계와 경쟁했던 것은 사회주의 국가에 상당히 좋지 않은 영향을 끼쳤다고 생각합니다. 왜냐하면 어떤 대가를 치르더라도 자본주의를 앞질러야 한다는 생각은 결국 집착이 되었기 때문이지요. 군사적인 이유에서도 역시 그랬고요. 중국에도 5년이면 영국을 앞지르게 될 거라는 생각이 있었어요.

페터 엥겔만: 새로운 모델을 발전시키는 대신에요?

알랭 바디우: 맞아요. 진정한 집단 재산을 내적으로 설계하는 데 생각을 집중시키는 대신에요. 이기기 위해서는 훈련된 군사적 모델이 불가피했다는 파리 코뮌의 결과에 대한 생각과 마찬가지로 그곳 사람들은 분명히 전제주의적 국가에서의 소유물이란 자본주의자들을 앞지르기 위해 불가피한 것이라고 생각했을 거예요. 왜냐하면 관료적 국가에서의 산업은 근본적으로 산업에서의 군사적 모델을 의미하기 때문입니다. 그것은 진정한 경제적 모델이 아니에요. 그것은 군사적 모델이며 이 군사적 모델은 유용하지 않습니다.

페터 엥겔만: 제2차 세계대전 이후의 동유럽 경제도 마찬가지였지요. 그것은 군사적 경제였지 사회주의적인 것은 아니었어요.

알랭 바디우: 군사적이었지 사회주의적이진 않았지요. 그것은 대의에서 ― 공산주의가 아니라 ― 정당이 어디까지 갔는지를 보여 줘요. 저는 '병영 사회주의'라는 표현이 정말로 잘 어울린다고 생각해요. 그것은 근본적으로 사람들이 알고 있는 모든 것의 일반적인 군사화예요. 군대는 그 자체로 평화 시기에는 활기 없는 세계예요. 거칠지만 동시에 활기가 없지요. 저는 그것을 사회주의 국가들에서 목격했어요. 그곳에는 끔찍한 폭력이 있었고 그 폭력은 아주 커다란 비능률의 이면이었어요. 그리고 그것은 비생산적이었지요.

페터 엥겔만: 동유럽 국가들에는 불합리한 규모의 낭비가 있었어요.

알랭 바디우: 의미 없는 낭비, 잘못된 생산이었지요. 왜냐하면 군사적 모델이 경제에는 유용하지 않기 때문이에요. 군사적 모델은 사람들을 강제적으로 일하게 하는 모델입니다. 자본주의에서 이해관계는 경제적인 것이지요. 사람들은 임금을 받기 위해 일해요. 단지 임금 노동도 아니고 강제도 아닌 능률적인 집단 노동은 어떤 걸까요? 이것을 경험으로부터 만들어 내는 일이 필요해요. 사람들의 관심을 불러일으켜야 합니다.

페터 엥겔만: 그래요. 동기가 강제를 대체해야 하지요.

알랭 바디우: 사람들은 자신들이 목표로 삼았던 성과에 대해 만족해야 해요.

페터 엥겔만: 우리 사회에서도 이런 유형을 경험해요. 그렇지 않다면 우리는 여기에서 철학과 사회정치적 관점에 대해 토론하고 있지 않을 거예요.

알랭 바디우: 맞아요. 수많은 예들이 있지요. 사람들은 그것에 대해 성찰해야 해요. 그것을 모으고 무엇이 그것으로부터 만

들어졌는지를 보아야 합니다. 정치 말고 다른 곳, 예를 들면 수학에서도 모범을 찾아야 해요. 저는 수학자인 친구들을 많이 알아요. 그들은 밤새도록 하나의 문제에 대해 토론할 수 있는 사람들이에요. 그리고 그들은 자신들의 개인적 관심 영역이 아니더라도 그것에 대해 열정을 갖고 있어요. 토론 마지막에는 중국에 있는 수학자에게 전화를 걸어서 그들이 어떤 특이한 모델을 발견했다고 말하기도 해요.

페터 엥겔만: 우리는 그러니까 사회 속에서 모범을 찾아요. 저는 그 모범이 아카데미즘에 속하지 않은 철학자가 될 수도 있다고 말하겠어요.

알랭 바디우: 대학과 관계 없는 철학자가 있어요. 수학에 열광하는 수학자도 있지요.

페터 엥겔만: 이런 식으로 '일하는' 것에 성공한다면 내재적 예외를 실천할 기회도 갖게 된다고 말할 수 있지 않을까요?

알랭 바디우: 어떤 면에서 이것은 일반화할 필요가 있어요. 노동자의 열정을 불러일으키는 일은 전적으로 가능합니다. 저는 열정적으로 일하는 노동자들을 알고 있었어요. 그들이 그렇게 했던 이유는 정말로 더 나은 어떤 것을 시행할 방법을 찾았기 때문이었지요. 또한 사람들은 노동자들에게 감탄해

야 해요. 기계를 고칠 수 있는 사람은 무언가를 할 수 있다는 것이지요! 그리고 그것은 상당히 수요가 있는 일이고요. 다른 방법보다 더 나은, 기계를 고치는 방법이 있어요. 그러나 그것은 사회 전체로부터 인정을 받아야 합니다. 사회주의에서는 그것에 대한 풍자화가 있었어요. 기본적으로 — 이것은 변증법적인 지점인데 — 내재적 예외에 가깝게 있고자 한다면 질적인 것을 양적인 것 위에 놓아야만 하니까요. 여기에는 의심할 여지가 없습니다. 그렇기 때문에 스타하노프 운동은 기만이었어요. 그것은 양적인 범주들에 관한 것이었기 때문에 기만이었지요. 그건 아니에요. 그와 반대로 적은 비용과 적은 노력으로 더 많은 석탄을 파내는 것이 중요하지요. 그 전까지는 가장 노력을 많이 하거나 밤을 샌 사람이 인정을 받았어요. 양적인 것 위에 질적인 것을 놓는 일은 수공 노동에 관한 한 완전히 유효한 원칙이에요.

페터 엥겔만: 이것은 새로운 삶의 방식에 있어 핵심이 되는 것입니까?

알랭 바디우: 그래요. 그렇기 때문에 자본주의와의 경쟁은 완전히 잘못된 일이었어요. 왜냐하면 자본주의와의 경쟁은 양적인 경쟁이 되었기 때문이지요. 이 경쟁에서는 더 많이 생산해야 했습니다. 이것은 자본주의적 수단을 통해 생산성을 높이는 일을 강요했지요. 노동 행위에 대한 검열, 개개 노동자

의 생산성에 대한 검열, 그리고 자신의 임무를 완수하지 못하면 해고되어야 한다는 사실 말이에요.

페터 엥겔만: 수익 기준을 충족시키기 위해 그렇게 하지요.

알랭 바디우: 그러나 자본주의와 같은 기준을 갖는 사회주의는 상상할 수 없어요. 저는 사회주의 국가가 자본주의 국가와 같은 기준을 가졌고, 그것을 충족시킬 능력이 없었다고 생각해요.

페터 엥겔만: 저는 그럼에도 불구하고 한 번 더 아주 기본적인 질문으로 돌아가고 싶어요. 저는 당신이 '공산주의'라는 개념이 부정적인 연상을 피하기 위해서 다른 개념으로 대체되는 것을 상상할 수 있는지 묻고 싶었어요.

알랭 바디우: 그것에 관해서는 당신이 상상할 수 있는 것만큼이나 많이 생각했어요. 결국 저는 그 단어를 포기하는 것보다 재생시키는 것이 더 흥미롭다고 생각하게 되었습니다. 지적으로 봤을 때, 이 단어가 처음에는 전적으로 존중할 만한 의도로부터 나왔다 할지라도, 끔찍한 모험이 진행되는 동안 신뢰를 잃었다는 사실을 받아들이는 것이 흥미롭다고 생각해요. 이것은 그 단어에 일어난 일이에요. 그렇기 때문에 그 단어를 버려야 할까요? 저도는 있지요. 잘 알고 있어요. 그러나

그것은 마치 전선을 버리고 다른 곳으로 옮기는 일과도 같아요. 그 단어에 그런 일이 일어났다는 것을 인정하는 편이 더 나아요. 결국은 모든 단어들이 의심스러운 역사를 갖고 있어요. 부시가 민주주의를 가져다 주기 위해 이라크 전쟁을 수행할 것이라고 공표했을 때, 여기서 '민주주의'란 사실과 일치하는 것이 아니에요. '민주주의' 역시 병든 단어예요. 정치에서 병들지 않은 단어가 어디 있나요? 그리고 이데올로기에서 병들지 않은 단어는 또 어디 있나요? 기독교에 대해서도 이야기할 수 있어요. 종교 재판이 되겠지요. 그러나 기독교는 전혀 다른 것이 될 수도 있어요. 1937~38년 스페인 내전에서 싸우기 위해 스페인으로 간 수많은 프랑스 노동자의 동원을 예로 들어 보면 그들이 보편적인 열정 속에 존재했다고 말할 수 있어요. 그것은 공산주의에도 있었지요. 기독교에는 종교 재판이 있고요. 하지만 아시시의 성 프란체스코와 같은 예도 있습니다. 그러니까 단어 자체는 결국 가장 좋은 것과 가장 나쁜 것을 다 겪은 셈이지요. 다른 예를 들더라도 마찬가지일 거예요. 왜냐하면 — 제가 지금 말하게 될 것은 헤겔주의적인 것인데 — 인간의 경험은 다른 모든 것에도 불구하고 변증법적이기 때문이에요. 그것은 모순적이에요. 그리고 결과적으로 하나의 단어는 그것의 영향력이 강할수록 나쁜 것들에 더 많이 노출되어 있어요. 이것은 권력의 유혹이 그 단어를 덮친다는 것을 뜻해요. 이것이 역사지요. 그렇기 때문에 기독교의 극적인 사건은 콘스탄티누스 1세, 즉 기독교가 국교가 된 순간이라고 저는 생각해요.

페터 엥겔만:　그렇지 않았다면 기독교가 내재적 경험의 가능성을 가질 수 있었을까요?

알랭 바디우:　그것은 기독교의 원초적인 이념이었어요. 기독교가 그 이념을 가졌다는 것은 확실해요. 그렇기 때문에 저는 성 바울을, 결국 초기 기독교를, 인류 역사의 근본적인 소여로 봅니다. 이것은 우리에게도 흥미로운 일인데요, 왜냐하면 공산주의가 국가 공산주의가 되었다는 사실은 기독교가 국교가 되었다는 사실과 유사성이 있기 때문이에요. 그 국교는 사람들을 고문해서 개종하도록 만들었지요. 종교 재판에서 우리는 자아비판에 대해 정확히 같은 역사를 발견할 수 있어요. 모든 죄를 자신에게로 돌려야 한다는 사실 말이에요. 그 뒤에 사람들은 화형을 당하지요. 이것은 국가이자 권력이에요.

페터 엥겔만:　이슬람에서도 같은 것을 볼 수 있어요.

알랭 바디우:　물론이지요. 그건 같은 것이에요. 그리고 어떤 경우에라도 이렇게 말할 수 있지요. 예수의 가르침을 직접 읽었다면 정확히 그것에 반대되는 것이라고. 성 바울에게 있어서 그것은 카이사르의 것을 카이사르가 하도록 하는 일을 의미

해요. 국가를 돌보지 않는 것 말이에요. 마르크스는 한 번도 마르크스주의적 국가를 상상해 본 적이 없어요. 그것은 그에게 아무런 의미가 없는 일이었을 거예요. 그는 굉장히 당황했을 겁니다.

페터 앵겔만:  예술과 정치, 그리고 학문과 사랑에서 내재적 예외를 경험하는 일 사이에 어떤 유형의 긍정적인 조합은 없나요? 저는 이 내재적 예외를 모든 분야에서 발견할 수 있다는, 그리고 그것을 어떤 한 분야에서 발견한다는 것은 다른 분야에서의 내재적 예외로 가는 통로를 찾는 것도 가능케 할 수 있다는 인상을 받아요.

알랭 바디우:  제 생각에도 그래요. 저는 내재적 예외에 대한 경험의 총체에 주의를 집중하는 것이 철학의 사명이라고 말하고 싶어요. 할 수 있는 한, 적어도 동시대의 것에는 말이지요. 그렇기 때문에 저는 플라톤을 자주 언급하는데, 왜냐하면 플라톤은 수학에 주목했고, 그것은 가능한 내재적 예외로 확인되었다는 것이 아주 명백하거든요. 이것은 정치에서도 마찬가지였고, 사랑을 널리 알리는 데 있어서는 완전히 현시대적이지요. 《향연》에서처럼 말이에요. 그리고 문학에 관한 것이라면 그는 끊임없는 논의 속에 있어요. 모든 의구심과 비판과 더불어요. 그러나 실제로는 끊임없는 매력도 함께하지요. 제가 《국가》를 새로 번역하자고 제안했을 때 저는 그 책이 시의

인용으로 가득 차 있다는 것을 확인할 수 있었어요. 이것은 아주 특이한 경우지요. 사람들은 항상 시를 비판한 플라톤에 대해서 이야기하지만 그가 전 생애에 걸쳐 시인과 관련을 맺고 있었다는 사실에 대해서는 이야기하지 않아요. 더 나아가 그는 그리스 언어의 가장 위대한 산문가였어요. 그러니까 작가였던 것이지요. 그렇기 때문에 저는 다른 사람에게서와 마찬가지로 그에게서도 실제로 어떤 유형의 배려를 발견할 수 있어요. 이는 내재적 예외를 그것이 존재할 수 있는 모든 곳에 위치시키는 것에 관한 배려예요. 개인적인 삶에 관한 것에 대해 말하자면, 즉 어떤 영역에서 주체가 된다는 것은, 주체의 상태에 그것의 가치를 마련해 주는 것입니다. 이렇게 가치를 마련해 줌으로써 주체는 그에게 제공되는 다른 가능성에 대해 더 개방적이고 더 민감하게 되고요. 철학을 실천하는 일은 지식인, 예술인, 투사, 그리고 사랑하는 사람들이 되도록 노력하는 것에 있다고 말할 수 있을 거예요.

페터 엥겔만: 그 이야기는 우리를 토론의 시작으로 되돌리는데요. 젬퍼 데포트에서 가졌던 철학의 잠재성에 대한 토론 말이지요.

알랭 바디우: 철학의 잠재성은 정확히 이것이에요. 그것이 누구든지 간에, 가능한 한 근본적으로 주체화의 경험에 개방적이고 그럴 준비가 되어 있는 사람 말이지요.

111

페터 엥겔만: 우리는 이제 이 프로세스를 설명하기 위한 범주를 갖게 되었어요.

알랭 바디우: 우리는 적지 않은 범주를 지나왔어요. 아마 그 외에도 이 관점과 관련해서 저의 단순하고 명확한 책인 1989년의 《철학을 위한 선언》이 젊은이들에게 적합할 거라고 생각해요. 왜냐하면 우리가 여기에서 이야기한 모든 주제들을 이 책에서 어느 정도 선명하게 볼 수 있거든요.

페터 엥겔만: 저에게는 한 번 더 국가 사회주의의 시기가 의미를 갖고 다가옵니다. 동유럽의 많은, 혹은 지식인 거의 전부는 현실 사회주의를 대변하고 칭송했어요. 기억하기로는 제가 동독을 떠났을 때 그리고 서독에 도착했을 때 저는 독일 좌파 전체가, 적어도 거의 전체가 국가 사회주의를 꽉 붙들고 있다는 사실에 충격을 받았어요.

알랭 바디우: 그게 몇 년도였지요?

페터 엥겔만: 1973년이요. 하버마스도 마찬가지였지요. 이것을 어떻게 설명하시겠어요?

알랭 바디우: 하버마스는 이후에 자신의 관점을 바꿨어요.

페터 엥겔만:  그래요. 하지만 그럼에도 불구하고 아주 오랫동안 분명히 사회주의가 아닌 국가 사회주의를 대변했지요.

알랭 바디우:  저는 그것을 프랑스의 예를 통해 잘 알고 있어요. 공산주의 정당과 친밀했던 지식인의 숫자만 보면 돼요. 저는 한 번도 거기에 속한 적이 없어요. 저는 이에 대해서 어느 정도 단순하게 설명할 수 있다고 생각합니다. 서구 지식인들의 과제는 서구 정권에 대한 저항이에요. 그들의 특별한 과제는 경쟁 자본주의에 대항해서 무엇을 해야 하는가예요. 근본적으로는 어딘가 다른 곳에 어떤 긍정적인 보편성이 존재한다는 생각이 남아 있어요. 역사적으로 혁명의 승리를 되돌아보면 그것은 여전히 주축이 되는 지점이지요. 이것은 이중적 시각을 쉽게 만들어 줘요. 한편으로는 나쁜 자본주의가 있고 다른 한편으로는 아마도 그다지 성공하진 못했지만 그럼에도 선호하는 것이 있지요. 저는 내적 갈등에 있어서 외적인 것과 관련지어 용기를 만들어 내는 것이 아주 간단한 유형의 동기 부여라고 생각해요. 이것은 항상 아주 효과적인 도움이 되지요.

페터 엥겔만:  하지만 보편적인 관념은 사라지지요.

알랭 바디우:  아니에요. 그것은 주로 보편적인 것이 대의된다는 관념 — 이것은 대의의 관념에 속하지요 — 이에요. 사회

주의의 조국이라는 관념이지요. 모든 대의에서 자유로운 확신을 갖는다는 것은 아주 어려운 일입니다. 그러나 그렇게 되도록 시도해야 해요. 이것은 어려워요. 왜냐하면 사람들은 그런 것이 존재하지 않는다고 지속적으로 비판할 것이기 때문이에요. 비판은 항상 이런 식입니다. "그건 존재하지 않아. 그리고 존재하지 않는다면 그것이 존재할 수 없기 때문이야". 이런 것은 이미 플라톤에서 발견할 수 있어요. 《국가》의 아홉 번째 권의 끝에서 그가 자신의 유토피아를 설명해 놓았을 때, 젊은이들은 그에게 "그것은 상당히 멋져요. 그러나 그것은 존재하지 않아요. 그것은 영원히 존재하지 않을 거예요"라고 했어요. 그리고 소크라테스는 그것이 존재하지 않는다고 대답했지요. 그러나 그것이 우리에게 존재하지 않는다면 어딘가 다른 곳에 있을 수도 있다고요. 그는 심지어 그것이 어딘가 다른 곳에 있어야만 한다고 상상했어요. 그리고 제 생각에 대중, 지식인 — 그리고 지식인 뿐만 아니라, 저는 공산주의적 노동자도 알고 있었는데, 이들은 진정한 투사였고 희생할 준비와 행동할 준비가 되어 있었어요 — 은 스탈린이 아주 대단하다는 확신을 갖고 있었어요. 저는 당연히 그들이 그것을 믿는 쪽을 더 선호한다는 것을 간파했지요.

페터 엥겔만: 저는 그것이 결정에 관한 문제라고 생각해요.

알랭 바디우: 그들은 그들이 믿는 것을 선호해요. 그리고 항상

사람들이 말하는 것은 자본주의적인 프로파간다라고 응수할 수가 있지요. 현실 사회주의에 대한 비판이 1970년에 시작되기까지 아주 오래 기다려야만 했어요. 그것이 몰락하기까지 얼마 남지 않았을 때 시작된 것이니 상당히 늦은 것이었지요.

페터 엥겔만: 저는 프랑스에서 현실 사회주의를 옹호하는 입장을 항상 가볍게 받아들였어요. 왜냐하면 그곳 사람들은 동유럽 국가들에서 충분히 멀리 떨어져 있었기 때문이지요.

알랭 바디우: 그래요. 그에 비해 독일은 가까워요. 하지만 세계 대전과 같이 독일을 양분하는 아주 고유한 영향도 있었지요.

페터 엥겔만: 그건 반파시즘이었어요.

알랭 바디우: 독일의 양심은 복잡한 양심이에요.

페터 엥겔만: 반파시즘의 논증은 그것이 근거가 없었다고 해도, 공산주의 정당에 파시스트들이 많았다고 해도 효력을 가지게 되었어요.

알랭 바디우: 재편입된 파시스트들은 그랬지요. 그런 무리가 있었지만 그들은 거의 모든 곳에서 파시즘이 서구와 동구에 다는 존재하지 않는다고 믿게 만들었어요. 그들 중 많은 사람

들이 정당에 가입해 있었던 동안에요.

페터 엥겔만: 저도 뒤늦게서야 알게 되었어요.

알랭 바디우: 저는 그러나 정치적 권력이 허구라는 것을 알아
요. 그리고 허구는 중요한 정치적 역할을 하는데, 이는 허구
역시 대의의 형태이기 때문이지요.

페터 엥겔만: 우리가 아직까지 전혀 건드리지 못한 지점이 있
는데요, 정치에서 미디어와 그것의 역할입니다.

알랭 바디우: 미디어는 프로파간다예요. 현대적 프로파간다지
요. 저는 사람들이 미디어에 커다란 권력을 부여한다는 사실
로부터 아주 많은 것을 이야기할 수 있다고 생각합니다. 17
세기 프랑스의 마을을 예로 들어 볼게요. 중심에는 교회가 있
고 일요일마다 모두가 그곳에 모여요. 그리고 거기서 목사는
무슨 말을 하나요? 예전의 프로파간다 기구는 전적으로 과소
평가되었어요. 그것은 강력했지요. 저는 프랑스에서 산책을
할 때 모든 작은 산마을에 거대한 교회가 있고 모두가 그곳
으로 가야만 한다는 것에 대해서 아주 깜짝 놀랐어요. 그것은
사회주의적인 국가였어요.

페터 엥겔만: 그러니까 현 미디어의 권력은 예전의 미디어를

능가하지 않는다는 것이지요?

알랭 바디우: 그것은 예전의 것보다 더 크지 않아요. 심지어 아주 축소되었지요. 왜냐하면 미디어는 서로 더 많이 모순되기 때문이에요. 예전에는 단지 하나의 프로파간다 기구가 있었고 이것은 "우리의 주여 영원하라. 우리의 왕이여 영원하라!"로 끝났어요. 저는 이에 대해서 자주 생각해요. 사람들이 미디어가 자본가의 손안에 있기 때문에 그것을 다루는 것은 근본적으로 거의 불가능하다고 말할 때 그렇지요. 프로파간다가 존재한다는 것, 지속적으로 활동적인 프로파간다 기구가 존재한다는 것은 사실이에요. 그러나 항상 그렇지는 않아요. 제 생각에는 군주제 사회가 더 그런 경우지요. 그 외에도 저는 서구 사람들이 "민주주의여 영원하라!"라고 할 때 자신들이 무엇을 말하는지 모르고 있다고 생각해요. 정확히 말하자면 15세기에 아주 성실한 사람들이 "왕이여 영원하라!"라고 소리친 것과 같은 것이라는 점을요. 그리고 일요일마다 교회에 가서 '우리의 왕'을 위해, 프랑스를 위해, 이것 또는 다른 것을 위해 기도하지요. 이 고대의 프로파간다 기구는 아주 강력해요.

## 발행인 노트

알랭 바디우는 2012년 3월 파사젠 출판사의 창립 25주년에 맞춰 비엔나로 왔다. 우리는 헝가리의 철학자이자 반체제 인사였던 미하이 버이더와 함께 사회적 대안으로서 공산주의의 재건에 대한 대담을 나눴다. 행사는 비엔나 예술 아카데미의 젬퍼 데포트를 가득 채운 가운데 주로 젊은 관중 앞에서 진행되었다.

이는 바디우의 주제에 대한 사람들의 커다란 관심뿐 아니라 사회 파괴적인 결과를 가져오는 현재 금융 자본주의의 대안에 대한 고찰이 불가피하다는 사실 또한 드러냈다. 이튿날부터 나는 알랭 바디우와 함께 그 전날과 같은 주제, 그리고 공개 토론에서는 시간적 제한 때문에 이야기하지 못했던 문제에 대해 두 차례에 걸쳐 대담을 나눴다. 이 책은 그 대담을 녹취하고, 편집하고, 독일어로 번역한 것이다.

알랭 바디우는 몇 년 전부터 주로 공산주의 이념의 귀환에 대한 요구를 통해 전 세계적으로 주목을 받았다. 이 주장 때문에 그는 오늘날 슬라보예 지젝과 더불어 가장 많이 읽히고 가장 격렬하게 논의되는 동시대 정치철학자가 되었다.

바디우의 공산주의 이념은 그의 주체 이론과 사건에 대한 이론에 기원을 두고 있으며, 그로써 다층적인 철학적 인간상을 포착하는 그 이념에 정당성을 부여하고 있다.

이 책의 첫 번째 부분은 바디우가 갖고 있는 정치적 사상의 철학적 근원과 근거를 보여 준다. 두 번째 부분에서는 공산주의 사회 조직의 정치적이고 역사적인 측면이 중심을 이루고 있다.

이 책은 이를 통해 바디우의 정치철학적 위치에 대한 전체적 상을 제시하고 공산주의에 대한 그의 근본적인 생각을 설명한다. 동시에 이 단행본은 공산주의 이념을 재생시키자는 요구를 판단하는 데 필요한, 공산주의 운동의 실제 역사와 공산주의 국가들의 의미에 관한 의견차가 대담에서 해소되지 못했음을 기록하고 있다.


페터 엥겔만

# 찾아보기

# 알랭 바디우,
# 공산주의 복원을 말하다

발행일 2015년 2월 2일

지은이 알랭 바디우, 페터 엥겔만
옮긴이 김태욱
펴낸이 김경미
편집 강준선
디자인 이둘잎
펴낸곳 숨쉬는책공장
종이 영은페이퍼(주)
인쇄&제본 ㈜상지사P&B

등록번호 제2014-000031호
주소 서울시 마포구 잔다리로 61 402호, 121-894
전화 070-8833-3170 팩스 02-3144-3109
전자우편 sumbook2014@gmail.com

ISBN 979-11-952560-9-9 03300

이 도서의 국립중앙도서관 출판시도서목록(CIP)은
서지정보유통지원시스템 홈페이지(http://seoji.nl.go.kr)와
국가자료공동목록시스템(http://www.nl.go.kr/kolisnet)에서
이용하실 수 있습니다.(CIP제어번호: CIP2015001285)